EMOTIONAL
PRICING STRATEGY

"飛常識な"経営コンサルタント
高橋 貴子

いつも価格設定で悩むあなたに贈る感情価格術

価格のマインドブロックがかんたんに外れる

新・魔法の価格決めメソッド

NEW MAGIC PRICING METHOD

あなたは「感情」で価格を決めていい！

産業能率大学出版部

はじめに

～価値観が多様化する時代にこそ「感情価格」で値決めをする～

「値段をいくらにしたらいいのか、自分ではよくわかりません……」

これは、私がコンサルティングをしているクライアントさんからよく伺うセリフです。

私のクライアントさんは、自宅教室業を営む女性がメインです。

趣味からのスタートで自宅教室業を起業する人もいらっしゃいますし、会社員からの転身で本格的な事業として教室業を選ぶ人もいらっしゃいます。

そんな人たちの多くが起業時に特に迷うのが、**「価格」「値決め」**なのです。

しかしそれは、ある意味当たり前かもしれません。

なぜなら、初めて自分で商売をする方であれば、「自分のサービスに値段を付ける」ことは、「自分自身に値段を付ける」ことに等しいと感じているから、値段がわからなくなるのです。

なぜ、自分で自分のサービスに値段を付けることができないのか

かつて私も、10年以上前にパン教室で起業しました。そのときのことをお伝えしましょう。

私は、会社員の経歴が22年、業界は違うもののすべての業界で「営業職」に分類される仕事に就いていました。サービス業も物販も経験しています。

業界としては、旅行業界・建築業界・ブライダル業界・パン業界。商品・サービスを販売する相手先には個人もあり、法人もあり、店舗営業も訪問営業も経験しました。仕事上、扱う金額も数千円から数億円の取引まで、バラエティに富んだ価格帯を扱ってきました。

当たり前ですが、どこであっても会社が「この商品はこの価格で販売せよ」と決めた価格があります。営業はその範疇の中で契約を取るわけですが、もちろん付加価値を付けた商品では、もともとの価格以上の契約として成立することもあります。

しかし、その金額とて、会社の承認を受けて、相手先に見積もりを出して合意してから契約に至るわけです。これはサービス業の場合です。

物販の場合には、もっとシンプルで、会社が「その価格」で決めたものを販売するわけですから、自分一人で好きなように価格を決めることなどありえないのです。

ところが、自営業になったとたん、すべて自分の采配で好きな金額を決められる半面、「一体いくらが自分にとって適正価格なのか？」が、わからなくなるのが普通の感覚だと思います。

「業界の常識的な金額に合わせる」というのが、おそらく初期のころのわかりやすい妥当な価格の決め方かもしれません。

ただし、これを安易にやってしまうと、安すぎた価格を付けたことで利益を圧迫して、仕事をすればするほど赤字になる、という残念なスパイラルに陥ってしまいます。

自宅教室業もそうですが、このケースはあらゆる個人事業主のスタート時のよくあるお話だと思います。

つまり、単純に業界内での新参者の自分の立ち位置がわからず、「値段をいくらにしていいのかわからない」というのが、まずは一番の理由だと思っています。

自分の商品・サービスに値付けできない根源的な原因

では、そんな感覚でみなさんが価格を考える中、私はパン教室で新規起業した際、一体いくらで価格を付けたと思いますか？

結論から言うと、当時の一般的な教室の価格の「1・5倍から2倍の価格」を付けました。

会社員としてのパン業界の営業経験はあったものの、パン教室への新規参入という状況でした。そして、周りにはベテランのパン教室の先生が多い中、おそらくその先生方の1・5倍から2倍近くの金額を付けたコースレッスンをつくったのです。

新規開業のパン教室としては「価格の高い教室」だったと思います。

それでも、スタート時から満席状態で講座をスタートすることができました。

では、なぜ開業当初、私はその値段を付けることができたのか。

大きな要因は3つあると考えています。

1つ目は、私は営業職として一人で数億円近い数字の契約を扱っていた経験があったので、価格に対する抵抗感が薄かったということ。

2つ目は、人の購買心理や商品を購入するまでの仕組みづくり（マーケティング）を、パン教室開業前に学んでいたこと。

3つ目は、自宅教室業界以外にも業界を知っていて、業界での平均価格を把握しており、自宅教室業は仕事内容に対して対価が低いと、最初から感じていたこと。

つまり私の場合は、「感情的な価格のマインドブロック」がほとんどなかったことが、値付け成功の大きな要因だったと分析できると思います。

コンサルタントになるためにつくったパン教室

少しだけ価格の話の本筋とは離れますが、私の会社員としての最後の経歴と、そこからつながるパン教室を開いた経緯をお伝えさせてください。

それが値決めのお話にもつながる大事な流れになっているからです。

私の会社員最後の経歴は、「パンこね機の販売会社の営業部長」でした。

そのため、訪問でパン教室の先生と出会う機会が多く、同時に悩み相談を受けることが多くなり、親しくなった先生から「集客」の相談を受けるようになったのです。

当時の私はコンサルティング業の経験はありませんでしたが、もともと営業職の経験が長いので、なんとなく商売のカンでマーケティング（＝売れる仕組みづくりのヒントやアイデア）をお伝えすることができていました。

結果、相談を受けた廃業寸前の教室が持ち直すというケースが3件続いたのです。

その先生方から感謝され、その中の一人の先生に「高橋さんのような教室専門の女性のコンサルタントさんがいたらいいのに」と言われました。

そのとき、当時そのような女性のコンサルタントがほとんどいなかったので、であれば「私がなろう！」と思ったのです。

もともと、私のパン教室は、後に教室専門のコンサルタントになるためにつくったものでした。教室の実務や集客の苦労を肌で感じて、実践してからのコンサルティングじゃないと教室の先生に信じてもらえないと思ったからです。

だからこそ、自分の教室は、絶対に成功させる必要がありました。

実際に、満席からスタートして3年で全国から生徒さんが訪れるようになり、満席状態が続く教室を安定的につくることができました。

そして、その結果をもとに教室コンサルタントへ転身したのです。


自分の教室を安定的に成功させるためには、WEB集客とマーケティングの知識は必須。

もちろんそれ以外にも、前述の「人はなぜモノを買うのか」といった購買心理なども学びました。なぜなら継続して買ってもらえない商売は長続きしないからです。


つまり、私は自分の商売（パン教室）について、かなり「客観的でドライな目線」でつくり込んでいったことが価格面でも反映されているのです。

「自分がやりたいこと」というよりは、「みなさんが習いたい！」と思う顧客目線寄りのレッスン内容で、起業当初から組み立てていたのです。

欲しい価格を付けられない本当の理由

通常、教室業を開業する女性の9割以上は、「昔から憧れだったお菓子教室を開業して、おいしいお菓子をたくさんの人に伝えてみんなを幸せにしたいんです」といった、「自分の夢実現」が動機です。

しかし私は、集客で悩む教室の先生を救うために、「自分の教室であらゆるやり方にチャレンジするためにつくっている」ので、そもそも感情面のスタートが違っています。だから、教室業界内での立ち位置、金額、内容、レッスン企画など、集客コンサルタントの先生のもと、マーケティングも勉強しながらコンセプト（売れる教室の基本軸）もつくって開業しました。

教室業界の従来の価格は理解していても、従来の価格に追従すると「採算が合わない」という計算が立ったので、2倍近い価格で運営することにしたのです。

もちろん、ただ値段を高くするだけでは、教室にお客様は来ません。「価格はお客様が感じる価値に連動」します。

そのことを理解していたので、価値を高めた高い金額を設定することができました。

逆に、感情的に教室業に夢と思い入れがありすぎる状態で開業しようとすると不安が生じます。

・こんなに高い価格を付けたら、**同業者に「身の程知らず」と批判されるんじゃないか？**
・本当は値上げしたいけれど、**周りの教室に合わせないと**自分のところには来ないんじゃないか？
・人に教えたくて開業したのに、誰も来ないんじゃ意味なくない？ **安くても人が来てもらえるほうがいいんじゃないか？**

そんな心理が働いて、「絶対に来てもらえそうな激安な価格」で教室をスタートしてしまうのです。

そして、その価格でスタートすると、「安い教室」としてブランディングされてしまって、今度は値上げをしたくても、ますます顧客離れが怖くて価格を上げられなくなるのです。

そんな、負のスパイラルに陥っている先生を何人も見てきました。

【人が来ない＝自分の存在が否定される】


そう感じてしまう人が多いので、思い切った価格が付けられない。

つまり、「自分の価値への信頼」がそのままご自身の値付けに反映されます。

ここも、結局「自分に対する信頼」＝「自己肯定感」という感情に左右されているのです。

あなたは感情で価格を決めてよい

もともと女性は「共感」という基本資質を持っているので、自分が高いと感じるものは相手も高いと感じるに違いないと思ってしまい、必要以上に価格を下げる傾向があります。

しかし、そんな人でも、自分の趣味の領域には思いっきり奮発してモノを買う……なんてことは、誰もが経験済みだと思います。


例えば、ファッションが大好きな人が、食事はカップ麺で我慢してでも海外の有名ブランド品を買う。逆に、洋服は500円のTシャツで1年通すのに、数十万円もする高級カメラを買う、といった感じです。

この領域になると、誰が何にお金を使うかなんて、自分の価値基準では測れないのです。教室に呼びたい顧客像の調査をしないで、自分の価値観＝感情で価格を決めると失敗することが多いのはそのためです。

もちろん、商品やサービスには仕入れ原価というものがあります。

ただ、そのような価格に必要経費を積み上げただけの価格設定という、従来型の設計では立ちいかなくなってきている時代の流れを、ひしひしと感じている人も多いのではないでしょうか？

もちろん私も、従来型の値付けを否定しているわけではありません。

しかし、値付けに迷う女性に、ぜひお伝えしたい価格決定の手法があります。それこそが本書の主旨です。

結論から言うと、**「あなたは感情で価格を決めてよい」**のです。

これが**本書『感情価格術』のメインテーマ**です。

従来型の価格決定法は、主に男性向けにつくられたモノに対してが多く、「左脳型」でのノウハウが伝授されています。感情に流されがちな女性が扱うには、少ししんどい領域かと思いました。

しかも多様化する時代において、値上げも行っていきたい時代背景があるなら、「値決め」の手法は知っていたほうがいい、というか、知らないと事業の存続すら危ういのです。

本書は、**値決めができない女性経営者が「感情で価格の呪縛から解放される」価格決定の方法、いわば新時代の価格術をお伝えするものです。**

ステップごとに本書を読み進めるうちに、価格への自分のマインドブロックが自然と解消されて、商品・サービスを売ることに抵抗がなくなっていくと思います。

本書は、売る側も買う側も幸せになれる値決めの本です。決してどちらかだけが得をする搾取型の価格術を紹介するものではありません。

お金は楽しく稼ぐべきです。

そのために感情を起点にした値付けの法則は知っておいたほうがよいのです。

そして感謝された対価で自然とお金が集まるような仕事が成立すると、自分も周りの人も幸せにできるようになります。

本書を読み終えるころには、お金のマインドブロックが外れて、軽やかにお金を受け取れるようになっているはずです。

「感情で価格を決定できること」で、幸せな経営者が増えることを祈っています。

〝飛常識〟な経営コンサルタント　高橋貴子

「価格は感情で決まる」という
値決めの法則

Emotion price

PROLOGUE

Price Emotional

①原価積み上げ型の価格設定はもう古い!?

初めて自営で開業するときに、一番困るのは自分の「商品・サービスの価格決定」ではないでしょうか?

もちろん、私自身の開業時にもサービスの価格をどうしたものかと思案した記憶があります。会社員だったときには会社が価格を決めてくれるので、特に自分で価格を決める必要はありません。

しかし、自分で事業を起こすなら、価格は事業継続の根幹に関わる重要な部分です。

それでいて正しい判断を下すのはなかなか難しく、「値付け」は本当に悩ましい課題でもあります。

2つの価格決定方法

一般的な価格決定方法としては、以下の2つがシンプルかつポピュラーです。

①原価積み上げ方式
②競合他社比較方式

①原価積み上げ方式

こちらはその名のとおり、原価に必要経費を加えて、これに利益を上乗せして商品やサービスの価格を決める方式です。

自宅教室業の事例で言うと、利益率はおおよそ50％というイメージがあります。わかりやすい数字でお伝えすると、原価2000円でレッスン料が4000円になるイメージです。

ところが実際に経営が逼迫している教室の先生からのご相談を受けていると、原価が2000円なのに2500円で販売しているような教室も、実態としてはとても多いと感じています。この金額だと利益率は20％です。

それでも、まだ利益が残っているならよいのですが、自宅教室を開業して1年以内に廃業するようなケースは、利益がほぼゼロ、または赤字であるケースが多いと実感しています。なぜ、利益ゼロになってしまうのか。それは、次にお伝えする「競合価格」を意識しすぎて自滅してしまうケースも多いからだと思っています。

②競合他社比較方式

こちらの価格決定は、原価積み上げ方式で価格を付けたあとに、「競合他社」の価格を見ながら自社の価格を決める方式です。

例えば前述の自宅教室の値決めの場合で言うと、原価2000円で価格を3000円に決めたのに、近隣教室の価格を調べたら2700円が多かったため、自分の教室の価格を2500円に下げてしまったという場合です。

本当は、自分では1000円の利益を乗せるつもりだったのに、「周りよりも自分の教室が高かったら、お客様は来てくださらないのではないか？」という不安を感じて、とにかく安くすればお客様は来てくださるに違いないと信じて値付けをしたのです。

この教室の未来は、想像するに難くないと思います。

そう、利益がなければ事業として継続することはできず、結果として廃業の道を選ぶことになってしまうのです。

①原価積み上げ方式

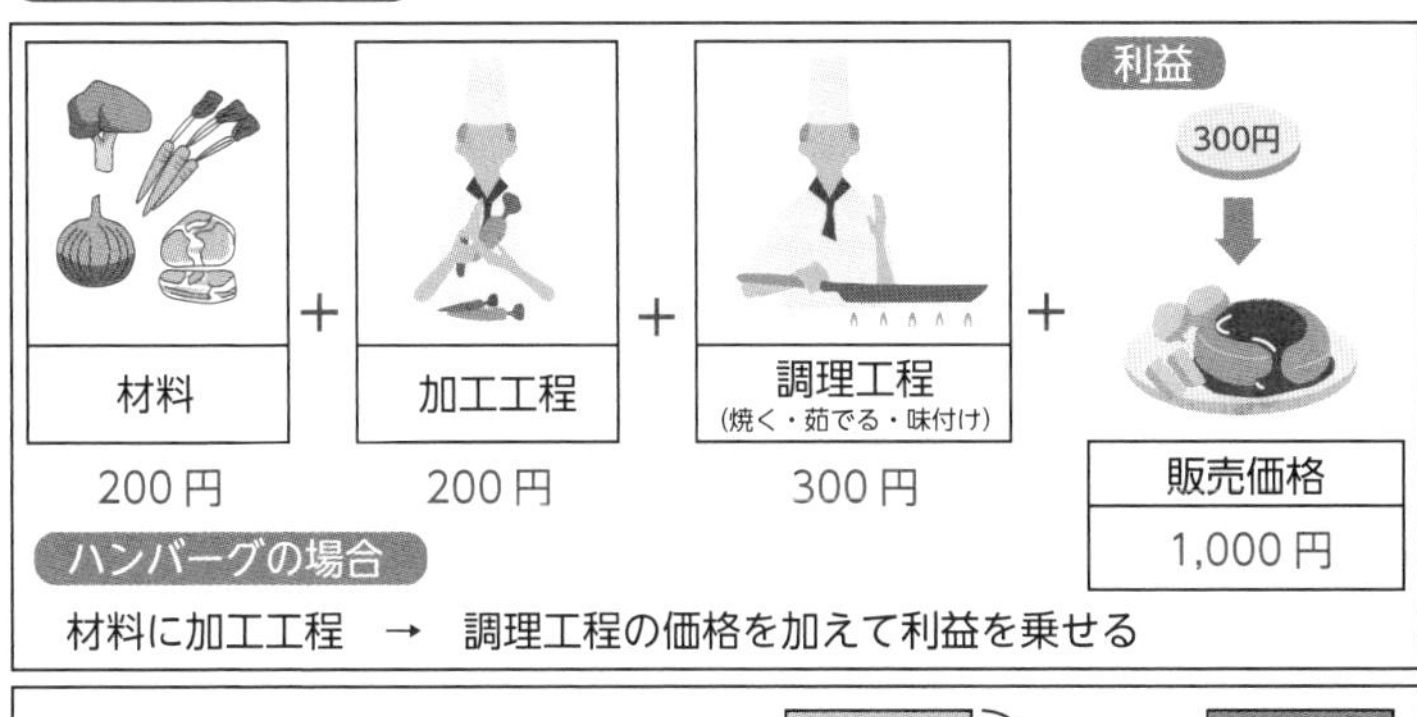

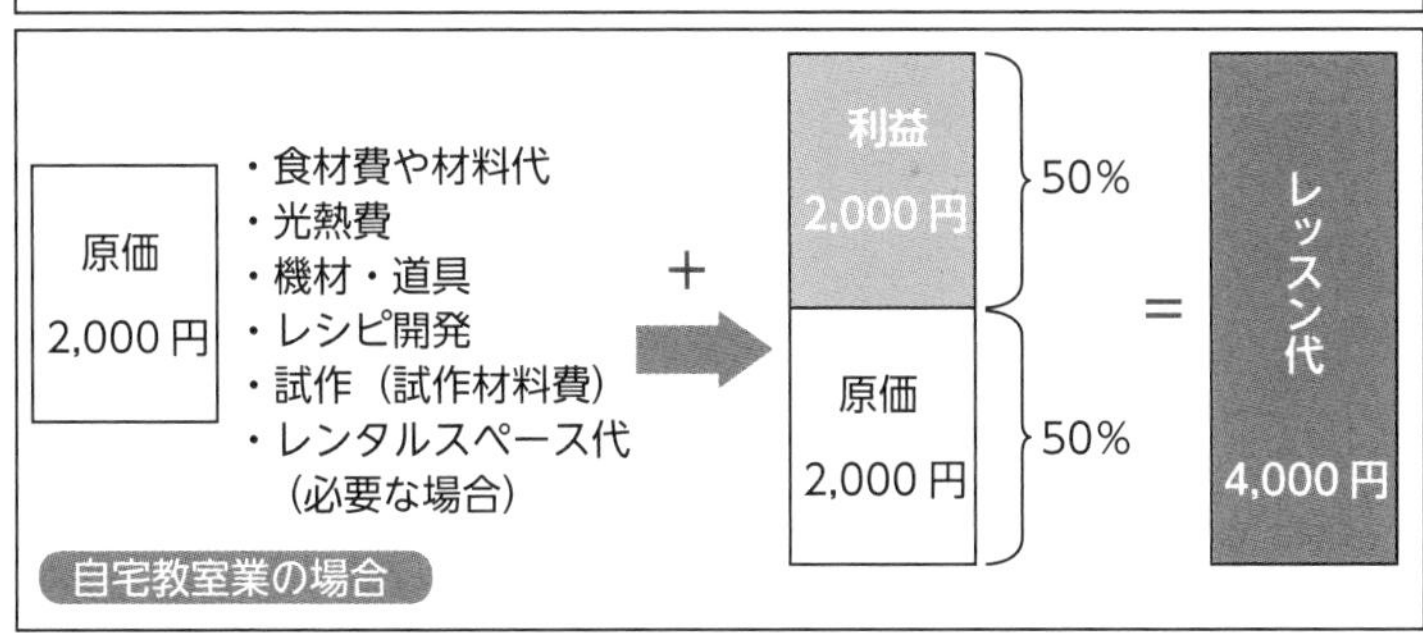

②競合他社比較方式

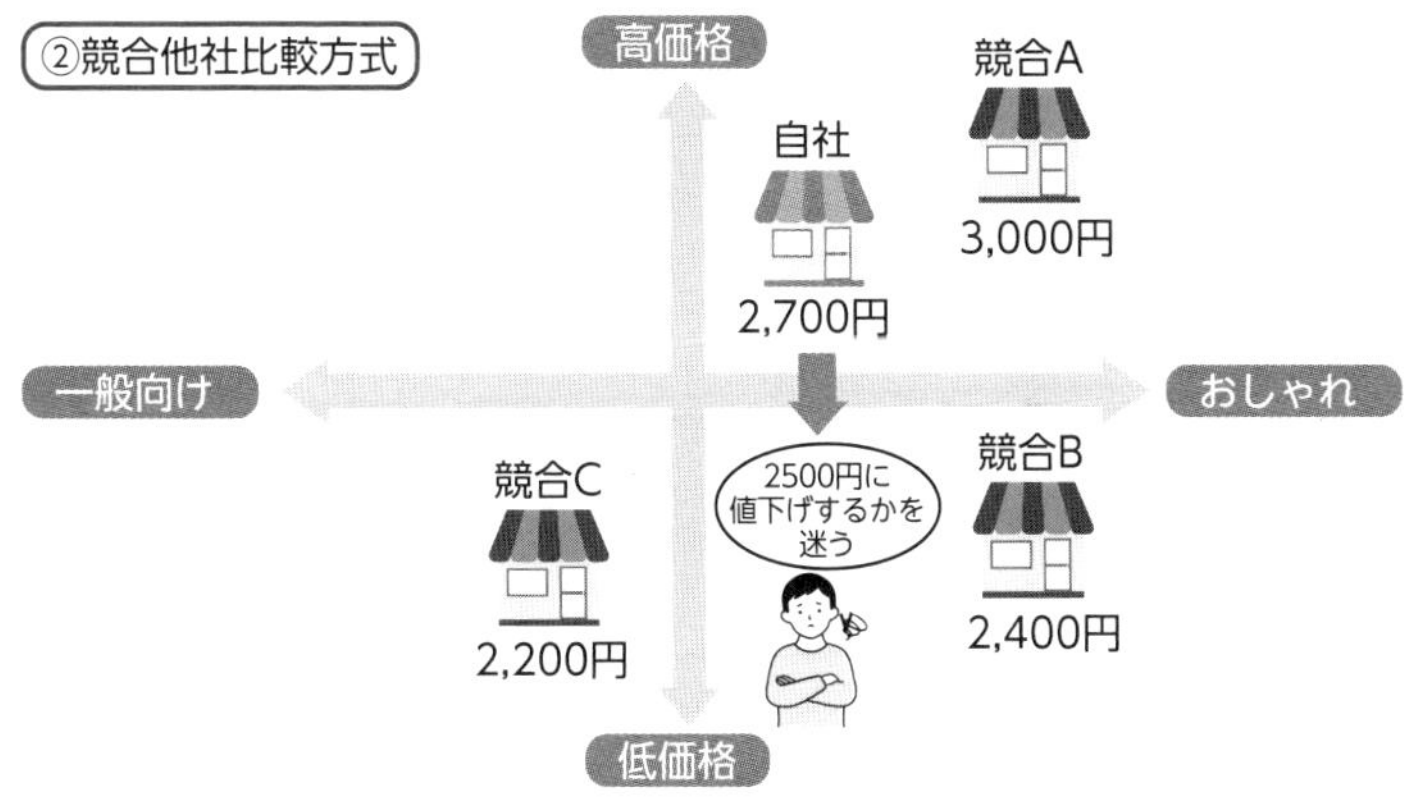

この2つの価格決定方法は、決して間違っているわけではありません。

ただしこれは、必要最低限の考え方、つまり「赤字にならない」レベルで最低限知っておくべき価格設定法である、というくらいの話です。

この方法で値決めをしてしまうと、そのあとに待っている道は「廃業」もしくは「趣味化（赤字覚悟で収益性は求めない道）」の、2つのどちらかになってしまうのは明らかです。

ですから私は、特に「新規開業」の方には声を大にしてお伝えしたいのです。

「原価積み上げ型だけでの価格決定は、もう終わりにしませんか？」と。

②価格は感情で決めてよい。妄想価格のススメ

きっちりロジカルに経営戦略を組みたい方には、これからお話しすることは少し乱暴に聞こえるかもしれません。

ただ、私が自分自身で行ってきたことや、クライアントさんにお伝えしてきていることでうまくいっている事例を考えても、女性は「感情で価格を決める」ほうがうまくいくと

感じています。

「感情で価格を決める!?」

「そんなやり方でいいんですか？　本当に？」

――そう不安に思う人も、もしかしたらいるかもしれませんね。

――はい、いいですよ。

実際に「好きな値段付けてみて」と言っても、一般の人はびっくりするほど思い切った価格は付けられないはずです。

なぜなら、売り手自身も「価格に対しての自分の感情」があるからです。

自分が売りたい価格が本当の適正価格

前述したとおり、私自身が自営での開業をした当初も「価格に対するマインドブロック」は、私にはありませんでした。

ですから、自分の教室が「利益もある程度確保できて継続できる価格」、つまり「自分が欲しい金額」として価格設定することができました。

これが開業当初の私の適正価格の決め方です。

開業当初の値付けで悩んでいたときに、たまたま目にした本に「自分が欲しい金額が適正価格。業界の常識や周辺他社の金額に合わせすぎないこと」ということが書かれていたのです。だから、その本に書かれていることに素直に従ってみた、というわけです。

ただし、教室業の場合は業界平均水準価格があまりにも低すぎたため、さすがに自分が欲しい金額にはなりません。当時、平均水準価格が5000円だったときに、3倍とか4倍の価格を値付けすることはできませんでした。

結果として、当時の平均の1・5倍から2倍程度の価格設定までしかできなかったのです。

しかし、今の私なら「販売対象やサービス内容を変える知恵」があるので、3倍でも5倍でも、場合によっては10倍でも価格を付けることができるようになっています。

それが、私が「欲しい金額」だからです。

開業当初の値付けの失敗は、その後の経営の成否を大きく左右します。

特に女性の値付けはもともと保守的になりがちなので、まずは「欲しい金額」＝「妄想価格」から始める。

それくらいのライトな感覚があったほうがうまくいくような気がします。

③売り手も買い手も、実は「感情で価値」を決めている

本書では、特に女性向けの価格決定方法を取り上げるので、従来型のロジカルに価格を組み立てていく方法とは、あえて別の観点でお伝えしていきます。

つまり、赤字になってはいけないけれど、**「売り手も買い手もハッピーになれる価格」**がいいですよね、というお話です。

価格は動かし難い数字で表現されているので、一見、感情とは切り離されたもののように感じます。しかし、私はそうではないと思っています。

わかりやすいように実例を交えてお話しします。

売り手の「感情価格」とは？

売り手の感情価格とは、ズバリ「お客様に買ってもらえないかもしれない不安」が、「売り手にとって価格を決定する大きな要因」だということを表します。

お客様に商品やサービスを買ってもらえなければ商売は成り立ちません。

だから、本来欲しいと考えている金額よりも「安く」値決めをする傾向があります。

しかし、本当に「安ければ必ず買ってもらえる」のでしょうか？

答えはＮＯです。

人は、安くても自分にとって必要ないものは買いませんし、高くても必要なものであれば買います。

だから、本来売り手が考えなくてはいけないのは、ココです。

【自分が付けたい価格でも喜んで買ってくださるお客様の人間像を想定すること】

ここを真剣に考えることなく、安直に価格を付けてしまう方が多いから、その後値上げもできず、利益も出せずに廃業してしまう方が多いのです。それはとても残念なことです。

買い手の「感情価格」とは？

では、今度は買い手の側からの感情価格を考えてみましょう。

前提条件として、買い手側としては、「少しでも安く買えるならうれしい」という気持ちがあるのは間違いありません。

私だって、**全く同じ品質の商品やサービスであれば、安く買いたい**です。

しかし、その商品にこんな特長や条件があったらどうでしょうか。

- **限定性や希少性がある**
- **今じゃないとダメというタイミング**

自分が想定している金額より高くても、許容範囲内なら「買う」のではないでしょうか？

つまり、通常価格が1000円だったとしても、自分にとってそれが必要になる条件下

売り手と買い手の感情価格について

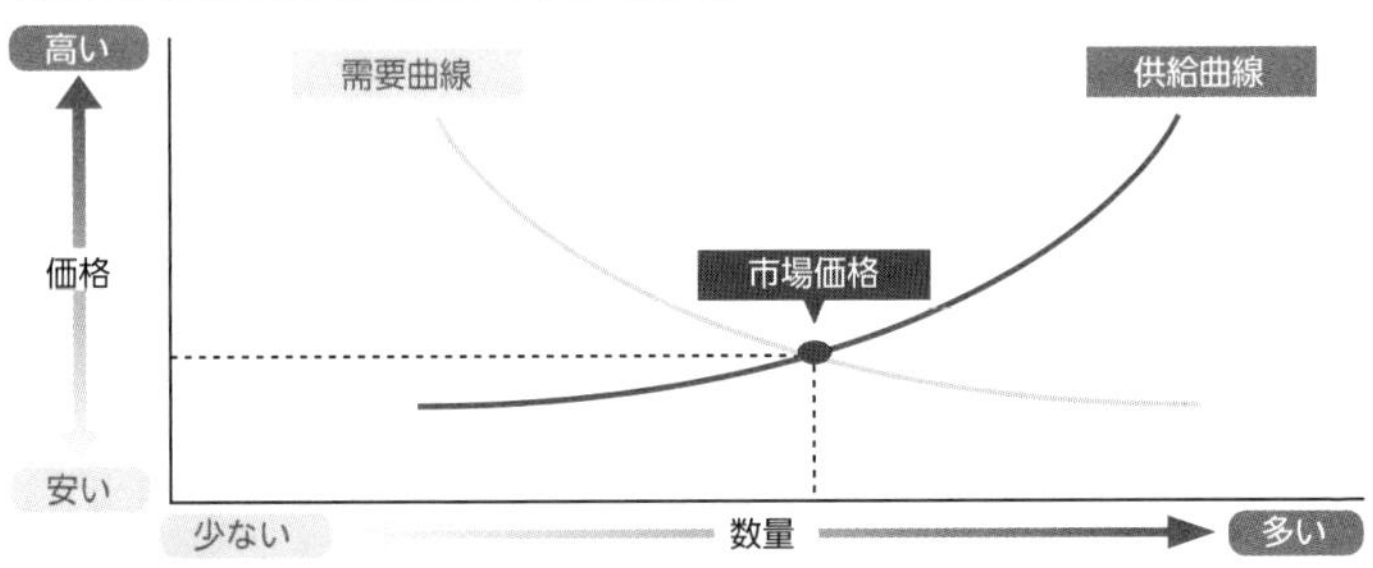

ピークシーズンの旅行代金　G.Wやお盆、お正月など

高い　同じ時期に行きたい人が増えて、宿も交通機関も取り合いになるため価格は上がる（買い手）
➡ 高くても売れるから高値を付つける（売り手）

オフシーズンの旅行代金　閑散期、平日など

安い　平日などはサラリーマンなどお勤めの家は休みを取りにくいので、旅行に行く可能性が低い（買い手）
➡ 安くしても旅行に出かけてほしいので安値をつける（売り手）

の場合には、倍の2000円を出してでも買いたいときがある、ということです。

この感情価格は日常的に発生しているものです。

感情価格は、世間の「需要と供給」にも影響されているものだからです。

例えば年末年始やお盆の旅行。

宿泊費やツアー料金は軒並み、通常時の2倍から3倍に跳ね上がります。それでも、「そのときしか家族全員そろって休みが取れないから、みんなで旅行に行くなら仕方ない」と、倍の料金を支払ってでもハイシーズンの旅行に行きます。

「『そのとき』じゃないとダメだから」という感情があるから、普段よりも高い料金設定になっていても支払うのです。

また、あらゆるビジネスにおいても、「特急仕上げ」と名が付くものは「時間を短縮することに価値がある」ので、料金が倍になっても必要な人は購入します。「遅いほうが困る」という「感情」がそこにあるので、高くても売れます。

このように、売り手にも買い手にも、実は「感情価格」が存在しています。言われてしまうと「そんなの当たり前」と思うかもしれませんが、この感情を抜きにして、原価積み上げ方式や競合他社比較方式だけで価格を決めてしまうのはナンセンスだと思いませんか?

だからこそ、価格を付けるなら「感情の値決めのメカニズム」を知る必要があると私は考えています。

④左脳型値決めから右脳型値決めの「感情価格術」の時代へ

今の時代は価値観も多様化しているため、価格も感情に左右されることが多くなってきています。

特に女性が購入する商品やサービスは、「感情」で価格が決まってしまうことも多々あります。

「これ素敵！」という感情だけで、デザインが素敵な「おしゃれ家電」が飛ぶように売れてしまうこともあります。

私自身も、機能的にもコストパフォーマンス的にもよい商品があっても、デザインが素敵なほうを買ってしまうことがよくありました。

その商品を使っている自分も「気持ちが上がるし、うれしいから」という感情的な理由もあって、値段が高くてもデザインを優先して購入する場合が多かったのです。

感情価格で値付けすればビジネスはうまくいく

【消費における購買意思決定権を持つのは女性が8割】

インターネット調査のデータによると、このように「女性の購買決定権」の割合が増えてきているという調査が出ています。

もともと女性は「感情的な感覚」で商品を買う傾向があります。そして、夫婦、家庭での買い物もほぼ女性が決めて購入しています。

買い手であり、「購買決定権の8割を持つ女性」が、感情によって商品やサービスを決めているのなら、どうでしょう?

当然、売り手側も、女性の感情を意識した「感情価格」で価格を決定していくのは、ビジネス的に考えても理にかなっていると思います。

だから「感情価格を制する者はビジネスを制する」とお伝えしたいのです。

女性経営者には値決めに迷っている人が多いことも理解しています。

ただ、現状の時代背景を考えると、今の時代はロジカルな左脳型の価格決めよりも、右脳型の「感情価格」を優先してもよい、という時代になったのではないかとも感じています。

私が提唱する感情価格は、既成概念から作られる値決めではなく、思い切って大胆に**「感情から値決めができる価格術」**です。

売り手も買い手も幸せになれる「感情価格」で、あなたのビジネスが楽しく幸せに成功していく値決めの方法を、本編で詳しくお伝えしていきたいと思います。

ロジカルな左脳型価格と エモーショナルな右脳型価格の 違いとは

Emotion price 01

LESSON 1

Logical Emotional

①タイプ別　ロジカル左脳型価格の解説

さて、本書は「感情価格」で価格を決定する方法をお伝えするものではありますが、前提として「今までの基本的な価格の考え方」＝「左脳型ロジカルな価格」というものも知っておいていただきたいので、あえてレッスン1の冒頭で触れることにします。

（1）左脳型という価格の決め方～マーケティング戦略から価格を決定～

繰り返しお伝えしますが、私は「左脳型価格」を否定しているわけではありません。ビジネス的には絶対的に基本知識として知っておきたいものなので、「感情価格」に入る前に、従来からある基本的な価格の決め方、考え方をお伝えします。

その前提条件を知っていただいた上で、「感情で価格を扱うこと」はどういうことなのかに入っていきたいと思っています。

女性の読者のみなさんには、少しわかりにくい内容も出てくるかもしれませんが、なるべくわかりやすく解説したいと思いますので、少々お付き合いいただけましたら幸いです。

マーケティング戦略からの価格の決め方

そもそも「マーケティング戦略」という言葉になじみがない人が多いと思いますので、こちらをまずはご説明します。

「マーケティング」とは、簡単には次のように定義されます。

【商品やサービスが売れる仕組みづくり】

つまり、マーケティングの中には、広告宣伝も含めた販売促進やお客様の調査などが入ってきます。

女性の個人事業主のみなさんになじみがあるところでは、SNS集客がわかりやすいマーケティング活動かもしれませんね。SNS集客もマーケティング活動の一種です。

「市場調査→商品開発→販売戦略策定→広告宣伝→効果検証」などの一連の活動がマーケティングになります。

ここで肝になるのは「販売戦略策定」の部分で、その中の「価格決定」は「売れる・売れない」を左右する大きな要因になるのは間違いありません。

だからこそみなさんも慎重になるし、悩みに悩んで、値付けができなくなってしまいます。

価格設定がビジネスに影響を及ぼすポイント

ビジネスをする上で、価格設定が影響を及ぼす主なポイントは、以下の3つです。

- **利益の最大化（安すぎる価格は経営を圧迫します）**
- **業界でのポジション取り&シェア獲得（適正価格は売れやすい環境をつくります）**
- **商品&サービスへの信頼獲得（安すぎても高すぎても信頼されません）**

このような、左脳型観点から価格設定をする場合には、例えば以下の点を考慮します。

・仕入れコスト

・需要と供給
・商品品質
・業界内ポジショニング
・参入タイミングの優位性
・時代背景
・競合との比較
・お客様にとっての必要度合い

「感情価格」で価格を最終的に決定するにしても、このような前提条件は一応把握しておく必要があります。

その上で、感情を考慮して「あえてこの金額にする」という決め方が、お勧めしたい価格の決定方法です。

とはいえ、私が「感情で価格を決めていいですよ」と言っても、いきなりは決められない人も多いと思います。

だから、まずは共通認識で「理論的にわかる価格の決定方法」を共有してから、「感情価格をどのように決めるのか」を、段階を追ってお伝えしたいと考えています。

マーケティング戦略から価格を決めるというのはビジネス上、スタンダードな手法です。

【アレンジや応用をするなら、まずは基礎＝（左脳型価格）を知る】

そのような意味合いから、まずは左脳型のスタンダードな決定方法を4つ紹介していきます。

（2）一番シンプルな価格決定：コストプラス型のメリット・デメリット

コストプラス型とは、その名のとおり「かかったコスト」に「利益」をプラスして決定した価格です。

原価＋利益＝販売価格

一番シンプルな価格決定法です。

●コストプラス型のメリット

計算方法が明確なので、人の感情などに左右されない「物販」に向いている手法です。原価が確定的で変わらないタイプのものであれば、売れ行きから利益までの予測が立ちやすい利点があります。計算方法もシンプルなので、簡単です。

例えば、100円のものを1個販売して30円儲かるなら、ざっくりと100個売れるなら30円×100個＝3000円の儲けという、簡単な計算が成り立ちます。

●コストプラス型のデメリット

単純に、原価に「自分たちが欲しい利益」が乗せてあるだけなので、「お客様が欲しい価格」とのギャップが生まれる可能性があります。

ひと言でいうと「売り手目線」での価格決定法なので、売れやすい価格なのかどうかは別問題である、ということを考慮する必要があるのです。

Lesson 01

例えば、売り手側の利幅を多く取りすぎて、分不相応に高価に見えて売れない、というケースもあります。

逆に、本当はもっと大きく利幅を取っても売れるだけの魅力ある商品のはずなのに、調査不足や商品への自信のなさから、利益をほとんど乗せないケースもあります。必要以上に安くしてしまって、販売数は出ているのに儲からないということもありえるのです。

（3）類似サービスを参考にする：競争志向型のメリット・デメリット

自宅教室業などの地域ビジネスの場合、特に開業初期は、地元で比較対象に挙がるであろう同業他社の価格を調べることは、ごく普通にあると思います。

ご近所にある店舗の価格を参考にして、自分の店舗の価格を決めるのは基準としてはとても楽な決め方だと思います。

例えば、周辺の競合他社よりも安い価格を設定すれば、それだけで新規のお客様と会える確率も増えるかもしれません。特に初めての開業の場合には、この形で価格を付けるというのはごく普通の選択だと感じています。

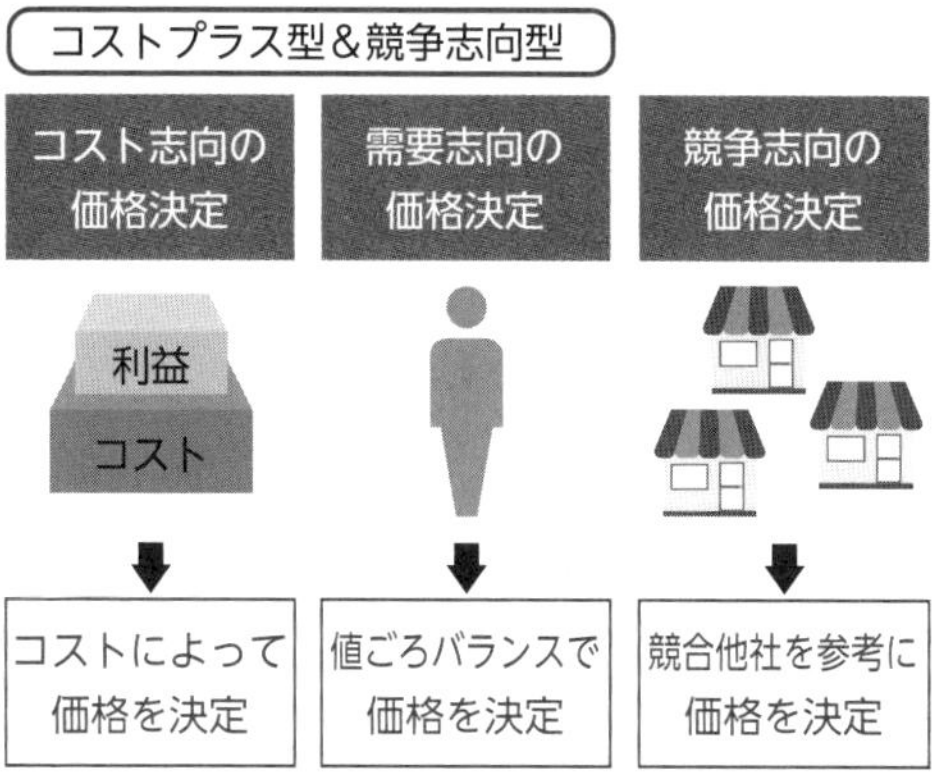

コストプラス型＆競争志向型

コスト志向の価格決定	需要志向の価格決定	競争志向の価格決定
利益／コスト		
↓	↓	↓
コストによって価格を決定	値ごろバランスで価格を決定	競合他社を参考に価格を決定

●競争志向型のメリット

安さを求めているお客様を大量に集めたい場合には、基準の店舗があるので簡単に価格を決めることができる便利さがあります。

ただしこの方法は、大量販売・大量仕入れでコストダウンが図れる企業体力のある店舗向きの戦略です。長期的に見た場合、利益を圧迫するので、特に個人事業主レベルだとあまりお勧めできない戦略でもあります。

●競争志向型のデメリット

前述したとおり、利益幅が少ないということは「量や数で勝負」しなくてはいけないので、特に物販などの場合は大手企業に敵いません。

ゆえに、個人事業にはあまり向かない方法だと私は思っています。

さらに、個人事業主が法人ではなく個人のお客様を相手に商売する場合、必ずしも安いから選ばれるわけではない、ということを知っておく必要があります。買い手側の心理とは不思議なもので、「松竹梅」の価格があったら、実は「竹」が一番よく売れるというデータもあるのです（詳細は②－⑵P55で解説）。

だとすると、安くするだけ安くしても、真ん中の価格の店舗にお客様が流れていってしまうという残念な結果にもなりかねません。

このような観点から考えても、業界そのものの水準価格が低いとあなたが感じているなら、あなた自身が業界のフロンティアになって、高価格ブランドをつくっていくのも１つの選択肢になります。

（４）ユニークなサービスに向いている：価値重視型のメリット・デメリット

価値重視型の値決めは、私が提唱する「感情価格」に一番近い考え方だと思います。

（２）や（３）でお伝えしたような、原価率や利益率、または競合の価格によって決めるものではなく、「商品・サービス」の価値に基づいて価格を決定する方法です。オンリーワンな商品や、高価値のものを提供する店舗であれば、基本はこの路線がよいと思います。

この価格決定方法は、お客様が「この内容ならこの値段でもＯＫ」と思えば成り立つものです。

例えば、シャネルやグッチに代表されるようなブランドものなどは、わかりやすい例ですね。原材料の原価そのものよりもはるかに高い値段が付いていても、人がそれを買う理由は「ハイブランドを身に着けている私って、素敵！」という価値を買っているのです。

もちろん、単純に「他にはないデザインだから好き」だから買おうと思ったら、たまたまブランドだったということもあるでしょう。

いずれにせよ、買い手側にとって「その価格を支払う価値がある」と信じるに足る商品・サービスであれば、成り立つ価格です。

●価値重視型のメリット

価値重視型で値付けができる商品は、「特別なもの、ユニークなもの、他にはないもの」である必要があります。

しかもその商品が、ある特定の人にとって特別なものであればよいので、対象者をしっかり選定する必要があります。

そして、その商品の寿命は「買い手の主観」に左右されるので、流行モノなどの場合は

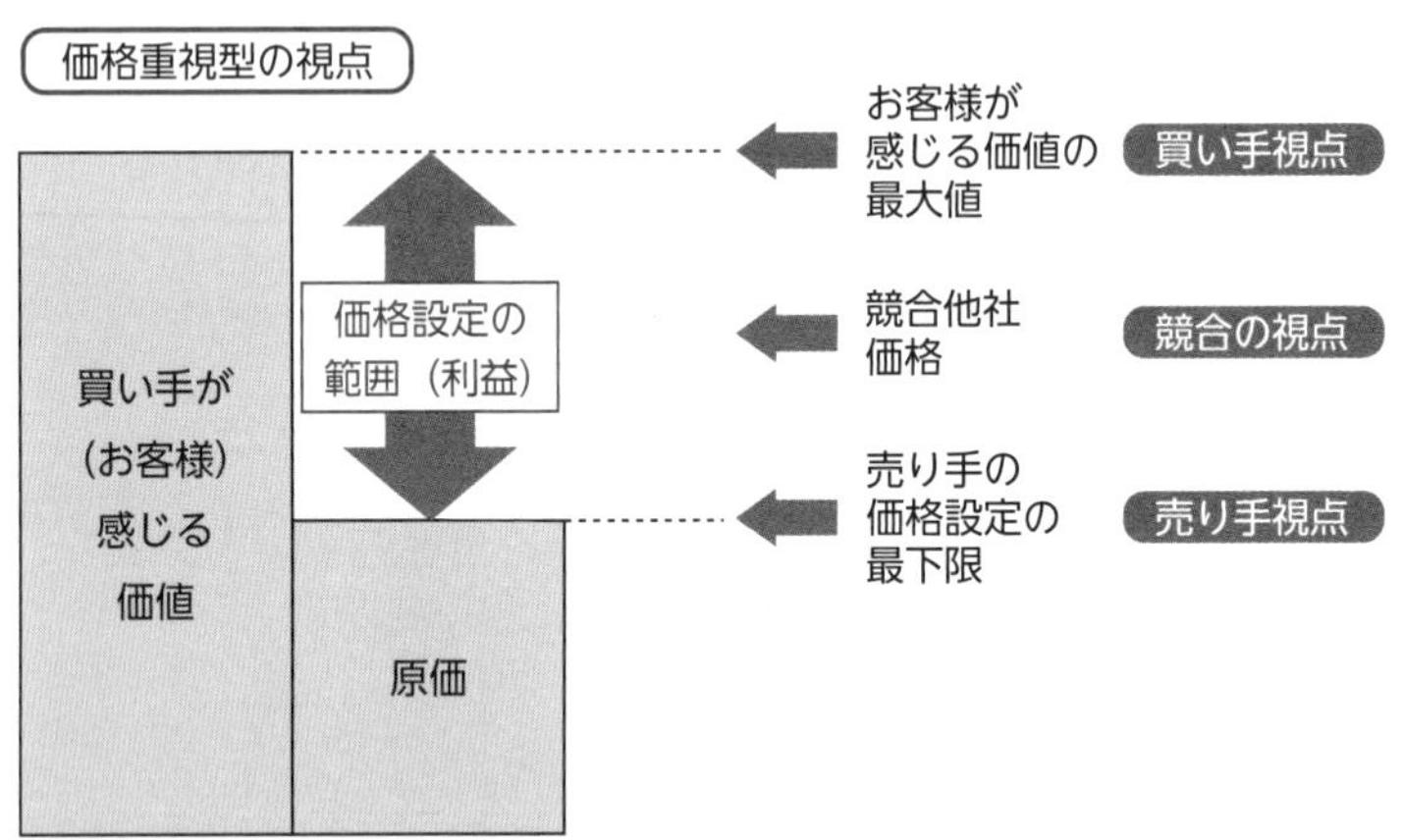

●感情価格の領域では、買い手が感じる（と予測できる）最大値の価格を設定できる。同時に戦略的に原価割れをしても、下限値を下回る価格を付けることもある。

すぐに陳腐化して、価格の乱高下が激しい状態になってしまいます。

ただ一方で、その商品やサービスが、他社が簡単に真似できないものなのに「買いたい人」がとても多い場合は、値段を上げても売れていくというメリットがあります。

事例としては、芸術的な領域（アート・ファッションなど）や、芸能人のアイテム（コレクターズアイテム）、骨董品などが挙げられます。

●価値重視型のデメリット

一般的で汎用性のある商品（日用品など）には、あまり向いていない値付けです。

また、ご本人の提供するサービスが特徴なら、そのキャラクターが特定の方にとって、とても必要なキャラクターであることが大事です。

ただし、一般大衆が広く知る商品であっても「あとから新しい価値を生み出して販売する」場合は別です。

例えば、高級ティッシュで名を上げた**「ネピア 鼻セレブ」**をご存じでしょうか？

商品の説明を見ると、次のように書かれています。

＊

まるで潤いのベールをまとったような肌ざわり。ネピア独自の「トリプル保湿」と「植物由来スクワラン」により、これまでにない濃厚な潤いが続きます。かぜ・花粉の時期はもちろん、デリケートなお肌のケアにも最適です。

＊

そして何より、わかりやすいネーミング。「鼻に使う、高級なティッシュ」というコンセプトが一発でわかり、かつインパクトのあるネーミングは、2022年日本ネーミング大賞を受賞しています。

このように、一般的に普及している商品に違う価値を持たせて販売する場合は、もともとの商品（この場合はティッシュ）の認知度が高いため、市場に浸透しやすいメリットもあります。

とはいえ、このような商品を一般的な個人事業主が開発するのはとても難しいことです。ですから、ある一定の人たちに響く「特別なもの、ユニークなもの、他にはないもの」をつくり込むことはできそうかどうか、を検討するのが価値重視型の値付けのポイントになります。

(5) 認知度&シェアアップに使う：市場浸透型のメリット・デメリット

市場浸透価格とは、その業界で商品・サービスを販売する初期段階において値段を安く設定することで、なるべく多くのユーザーが手に取る、あるいは利用することを狙ったものです。そうして業界内のポジション上位を早い段階で獲得してしまおうという方法です。

名前や認知度が同業他社よりも有名になってしまえば、他社や他者が「二番煎じ」になる。そうなれば、こちらのブランド力がより強大になるのです。

例えば、あなたはこんなクイズを聞いたことはありませんか？

【日本で一番高い山は？】

こう聞かれたら、即答で「富士山」と答えることができるでしょう。

ところが、こう聞かれたらいかがでしょうか？

【日本で二番目に高い山は？】

答えは「北岳」です。ご存じでしたか？

私も最初、答えられませんでしたし、今でも忘れてしまうことがあります。

それぐらい「1番と2番」はインパクトが違うのです。

だからこそ、新しい商品・サービスを他社に真似されて自分が二番煎じと言われるぐらいなら、いち早く認知度を取りにいく。そのためには、モニターかと思えるくらいの価格設定をしてでも知名度を上げることに注力する。そんなときに付ける価格なのです。

今までお伝えしてきた価格の決め方よりは、かなり戦略的な決め方ではありますが、こんなやり方もありますよ、という例としてお伝えしておきます。

●市場浸透型のメリット

認知度が上がるので、先行してお客様のリストを獲得しやすいメリットがあります。広告宣伝費的な価格設定のイメージです。

まずは知ってもらい、企業イメージを高めます。そこで「他の商品はどんなものがあるのか？」などの興味を持ってもらうことで、最初に出している低価格の商品以外にも購入してもらえる可能性が生まれます。

価格がお手頃になることで、今まで出会えていない新しい顧客層の開拓がしやすいという利点もあります。

さらに、広告宣伝費を単に広告として使うよりも、商品・サービスを媒介するためユーザーとの関係性は深まりやすくなります。したがって、関係が濃い顧客リストを手に入れやすくなるのもメリットです。

●市場浸透型のデメリット

このやり方は「ここぞ！」というときにしか使えません。

あまり頻繁にやっていると、「安売り店」のブランドが意識付けられてしまって、本来

市場浸透型価格　フロントエンド　バックエンド

	お試し商品 (フロントエンド商品)	収益商品 (バックエンド商品)
小売店	エントリーモデル (初心者)	エンドモデル (中・上級者向け)
通販	お試しサンプル	定期購入・高額商品
配信サービス	お試し期間	サブスク登録
教室業	体験レッスン	本講座申し込み
コンサル業	無料相談・セミナー	コンサル契約

※サブスクとは…「サブスク」は「サブスクリプション」の略で、月額課金、定額制で契約するサービスのことです

の価格のものや高額商品は売れにくくなってしまいます。

とある小売りのお店が年中「閉店セール」をやっていましたが、あのような感覚です。最初は注目されるものの、そのうち「またか」という印象になってしまいます。

この価格を付ける目的は以下の2点。

・市場のシェアとブランド地位の獲得
・新規顧客のリスト取り

つまり、必ずその後に続く戦略と（バックエンド商品）一緒に発動する必要がある値付けの方法です。

②タイプ別　エモーショナル右脳型価格の解説

(1) 右脳型という価格の決め方〜脳と感情で価格を決定〜

ここからは、「エモーショナル右脳型価格」の価格設定について解説していきます。

この価格設定法は、後半でお伝えする「感情価格」の扱い方に似ている部分もあります。

ただしここでは、マーケティング（売れる仕組みづくり）の中で扱われている「販売戦略」に寄ったお話になります。

もしかしたら、脳科学マーケティングといったものに近いかもしれません。「購買心理」というものがあり、私たちは見事にその戦略に乗せられていることもあるのです。

「感情を操作して商品を購入してもらう」という戦略は、私たちが日常的に広告やＣＭ、店頭やＰＯＰなどで「無意識」のうちに体験しているはずです。これを「意識」していただくことで、「あっ、そういうことだったのか」と理解でき、自分で実際に「感情で値付け」をする上でもイメージが湧きやすいと思います。

実は、私も初めてこの手法を聞いたときに「なるほど！」と合点がいった経験があり、そのまま集客の募集ページをつくるときなどにもたびたび活用しています。

「私たちは日常、身の回りにあふれている『価格』を、どうやって意識付けられているのか」をゲーム感覚で見てみると面白くなってくると思います。

以下、実際の販売シーンでの実例も交えながら、お伝えしていきたいと思います。

(2) 売りたい価格で商品を売る「松竹梅の法則」

前項で少し触れましたが、「松竹梅の法則」というものがあります。商品を3つの価格帯に分けて見せた場合、多くの人が「真ん中の価格帯の商品」を購入する傾向にある、という法則です。この手法は、みなさんも飲食店などでよく見かけると思います。

・松コース：8000円
・竹コース：6000円
・梅コース：4000円

こういうメニューが用意されている場合、多くの人が真ん中の価格帯「竹コース：6000円」を選ぶ傾向にあります。梅のほうが安いにもかかわらず、6000円の竹コースが売れるのです。

その比率は「松2：竹5：梅3」と言われています。

さらに、実はこの検証実験には続きもあります。

竹が売れるのなら、もっと竹コースを売りたいと「竹コース：6000円」と「梅コース：4000円」の2択にしたそうです。

その結果どうなったと思いますか？

「梅が8割、竹が2割」になってしまったそうです。

なぜ真ん中の「竹コース」が選ばれるのか

ここには、人間の心理が影響しています。人には「極端な選択を避ける」という心理が備わっていて、一番高いものや一番安いものを気付かないうちに避ける傾向があるのです。

理由はいろいろとあると思うのですが、大まかには以下の理由が考えられます。

・高いものは、価格的に贅沢を感じてしまう。品質が想像どおりではなかったときに後悔したくないから選ばない、という心理
・安いものは、お金がない人と思われたくないという見栄。品質が悪すぎたらという不安から選ばない、という心理

だから人は「3つの選択肢が与えられたら、真ん中の価格」を、つい選んでしまうのです。

2択になると安いほうが売れる理由

続きの実験、「竹コース：6000円」と「梅コース：4000円」の2択にしたら、「梅が8割、竹が2割」になってしまった件についても、心理的に解説します。

価格帯が「高い・安い」の2択しかない場合は、高いもので失敗するよりも安いものにお得感を感じてしまうために、そちらに流れやすくなるのです。

ですから、この「松竹梅の法則」で商品・サービスを売りたいなら、3択にしないといけないというわけです。

この2つの実例を、実際の人数に置き換えると次のような結果になります。

【メニュー3択の場合】 例：100人への販売が「松2：竹5：梅3」になった場合

・松コース：8000円×20名＝16万円
・竹コース：6000円×50名＝30万円
・梅コース：4000円×30名＝12万円
合計　58万円

【メニュー2択の場合】例：100人への販売が「竹2：梅8」になった場合

・竹コース：6000円×20名＝12万円
・梅コース：4000円×80名＝32万円
合計　44万円

2つを比べると、なんと14万円もの差が出てしまうのです。

選択できる商品が2つなのか3つなのかという差だけなのに、です。

もちろん、これがすべてのケースに当てはまるわけではないのですが、前提として「人の心理はそういうものだ」と知っておくだけでも、商品設計がずいぶんと変わるのではないでしょうか。

楽な気持ちで「松タイプ」の商品を用意する

前述の例でわかるように、「人の購買心理」を知っているなら、商品設計も2択ではなく3択で準備するほうがよいのです。

もともと売りたいのが「竹コース：6000円」だったとしても、その上の「松コース：

8000円」を用意したほうがいいのです。

もともと売りたいのが竹であれば、松は売れたらラッキーぐらいでいいと思いませんか?

それで「松2：竹5：梅3」という比率で売れるなら、儲けものです。

この結果は、人の心理がそのまま購買成果につながることを実証しています。

つまり価格というものは、例えば比較対象が並んでいることによっても簡単に「感情や心理が操作」されてしまうということ。ですから、価格単体だけを考えるのはナンセンスですよ、と私はお伝えしたいのです。

もちろん私もこの手法は知っていますので、私自身が実践したのはもちろん、クライアントさんにも提案して、売り上げが2倍から5倍ぐらいまで伸びたケースもあります。効果がある手法だと実感しています。

ただし、1つ注意しなくてはいけないのは、3つの商品をただ並べるだけでは買ってもらえないことです。価格と内容、それぞれの商品の違いについて整合性がある形での提案が必要です。値段に見合う内容になっていないとクレームにも発展しますから、要注意です。

また、価格差にも配慮が必要です。竹を一番多く売りたかったら、竹に注目が集まるような意図的な価格差を、あえて付ける必要もあるのです。

例えばこんな具合です。

・松コース：9000円
・竹コース：6000円
・梅コース：4500円

価格差が均等ではない状態になると、梅よりもちょっと予算を出せば手に入る差額（1500円）の竹がお得に感じられると思います。一方、松はちょっと手が届きにくいイメージにして、価格差を3000円にします。

そうすると、竹が売れる比率がもっと高くなると思います。

さらに竹の売り上げ比率を上げたかったら、ＰＯＰなどで「一番人気！」などと付け加えるのはいかがでしょうか？

・松コース：９０００円
・一番人気！竹コース：６０００円
・梅コース：４５００円

真ん中だし「一番人気なら安心だ」と、竹をみんなが選ぶから、結果として本当に「一番人気」になります。

このように、人は日常の何気ないシーンでも脳内や感情を操作されているということも理解して、自分が販売側に立ったときにはそれを利用できるとよいですね。

松竹梅の法則　計算実例

【メニュー３択の場合】

例 100人への販売が「松２：竹５：梅３」になった場合

・松コース：8,000円×20名＝160,000円
・竹コース：6,000円×50名＝300,000円
・梅コース：4,000円×30名＝120,000円
合計　580,000円

【メニュー２択の場合】

例 100人への販売が「竹２：梅８」になった場合

・竹コース：6,000円×20名＝120,000円
・梅コース：4,000円×80名＝320,000円
合計　440,000円

意図的な価格差でメイン商品にして注目を集める

（3）脳の痛みを最小限に抑える「セット販売」

神経経済学とニューロマーケティングの研究結果で、興味深い発見があったそうです。それは、人は「何かを買うという行為」により、脳の痛みの中枢が活性化する場合があるというもの。これは大変興味深い発見だと思います。

この脳の痛みは、相対的に判断しようとするときに特に発生するもののようです。つまり、「その商品に対しての価格の大小ではなく、商品が価格に対して適正かどうかを判断する」ときに、脳は痛みを感じるということです。

この理論からすると、「セット販売」という手法は理にかなっていると言えます。セット販売だと、1つひとつの商品価格とそれぞれの商品価値が見合っているかどうか、判断できません。つまり、複数商品がセットになっていると個々の価値を判断することができないので、買う側は商品の適正価格を見いだすことができないのです。

販売側からすると、商品の価格と価値の整合性がつかない状態にして、買う側の冷静な判断を失わせる。その結果、購買されやすいということにつながります。

セット販売は高額商品などと相性のよい方法

例えば車や家などは、そもそも商品が高額です。数百万円とか数千万円とか、そんな単位になってきます。

こういう数字感覚で買い物を進めていくと、オプション商品などを追加していくことがあると思いますが、ベースが大きな金額なので数字の感覚がマヒしてしまいます。

そのため、通常は日用品の1000円レベルの買い物でも厳しく精査する人が、車や家の追加オプションの場合は、10万単位の商品だったとしても躊躇なく購入の判断ができます。

「今なら本体とセットでご購入の場合は、○○%お得ですよ」などと言われてしまうと、1つひとつの価格と価値が見合うかどうか精査することもなく、丸ごとで購入する。販売価格が適正かどうかを改めて判断する必要を認めなくなっているので、購入しやすいのです。

この原理を理解していると、高額商品に付随してセットで販売できるものを見せていくことで、購買単価を上げていくこともできます。

Lesson 01

単品で購入すると冷静に検討されてしまう場合でも、大きな買い物とセットで見せられると、安く見えてしまう。そんな「感情的な心理」を突いたプレゼンテーションになります。

また、新年の福袋などもその類で、1つひとつの商品について価格に価値が見合うかどうか精査することのできない状態の「セット販売」です。買い手側からすれば「おそらくお得なのだろう」という予測のもとに購入することができるので、脳はさほど痛みません。

「セット販売」は買い手の感情や心理を、売り手側からのアプローチでコントロールし、スムーズに購入させてしまう流れができているのです。

（4）心理的に安く感じさせる「端数価格」

これは、みなさんも普段からよく目にしている販売手法かと思います。

1万円なのか、9800円なのか、という話です。

価格としては200円しか変わりませんが、「見た目」が5桁なのか4桁なのかで「高い」と感じてしまう心理が働きます。

売り手としては、商品は高く売れたらいいに決まっているのですが、200円下げるだけで購入確率が上がるのであれば、見た目を重視して「安く見える値付け」にするほうが商売的には正解です。

大きい金額になると、さらにインパクトも大きいですね。
50万円なのか、49万円なのか、48万なのか、
特に物販などは、キリのよい数字よりも「端数が付いた価格」のほうが実際に売れ行きはよいようです。

その他には、価格という話からは少し脱線しますが、「○○%のお客様からご満足いた

だいています」というキャッチコピーがよくあります。このときにも、キリのいい数字よりも半端な数字のほうが「信じられる」傾向があるようです。

①100%のお客様からご満足いただいています
②96・5%のお客様からご満足いただいています

いかがでしょうか?
②のほうに真実味があるように感じませんか? ②のほうがちゃんと調査しているイメージです。
キリのいい数字は大雑把に見えるので、あまり信ぴょう性を感じないのかもしれません。

買い手の感情から見る「端数価格」の心理

買い手側からすると、1円でも安く買いたい心理がもともとあるわけです。

ですから、キリのよい価格(例えば1万円)が売り手の希望する価格だったとしても、そこから少しでも安くしてもらえるなら、お客様はそのお店の努力を「好意的に」受け取

ります。

結果として、感情的な面からも、1万円よりも9800円のお店で購入する人が多くなります。

また、数字が細かいほうが「品質がよい」ように感じてしまう心理もあるようです。対応が丁寧そうに見えるのかもしれませんね。

買い手は、小さい端数の場合は特にですが、金額そのものの割引額に反応しているのではありません。価格の奥に見える「お店の姿勢」を勝手に推測して反応し、購入しているのです。

（5）お値打ち感を出す「アンカー価格」

こちらも、みなさん実際に日常で体験しているケースが多い価格だと思います。

「アンカー価格」とは、最初に提示された情報が強く印象に残って基準となり、その後の判断に影響を与える価格です。

具体例としては、「本日のみの特売セール」などがまさにこの手法を使ったものです。

【通常価格1万円の商品を、本日限りの特売価格なんと5000円！】

こう言われると、すごく安く感じますよね。

実際に半額なので確かに安いのですが、これがもしも「こちらの商品は5000円です」とだけ言われたとしたらどうでしょう。それが通常価格なのか特売価格なのか比較しようがなく、「お買い得」とは認知できません。したがって売れ行きが落ちます。

つまり、「通常価格」＝「アンカー価格」を見せることにより、「本日の特売価格」＝「お買い得」という心理を与えることができます。

アンカー価格とは、最初に提示された価格の印象が買う側に残って基準になるため、その後の判断に影響を与えるものなのです。

アンカー効果を使った販売促進の事例

①営業トークの中にアンカー効果を入れてみる

例えば2、3種類の商品やサービスを用意して、はじめは高額なものから提示しておくと、あとから提示するものを安価に感じさせることができます。

この手法はWEB上でも、商品・サービスを見せるときに「高いものから並べていく」という見せ方で、よく使われています。

②誰も買わないのに収益に貢献する商品

ある販売員が、新しいスーツケースを買うために来店したお客様に対して予算を聞いたところ、3万円という答えだったそうです。

そこで販売員は、「取扱商品の全体像を伝えたい」と言って10万円のスーツケースを取

アンカー価格

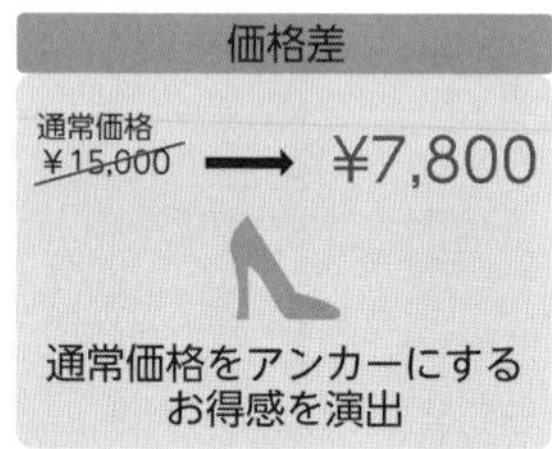

り出してきて、その品質やデザイン、ブランド名などの点で最高級モデルであることを説明。その後、お客様が希望する価格帯の3万円の商品を提案したところ、無事に購入に至ったとか。

このような接客をすることで、もともとの予算の商品を購入する確率がかなり上がったそうです。明らかに買わないとわかっていても品ぞろえに加えておくと、お客様の購買意欲を引き上げることに貢献する商品もあるということです。

アンカー価格とは、商品の価値そのものを冷静に判断して付けるというよりは、お値打ち、値引き、高額商品といった「相対的な評価」のベースとして付けられるものです。買い手の購買意思を決定付けるためのものですから、これも買い手の心理を操作する値付け方法の例だと思います。

(6) 高級品の価値を維持する「ノーディスカウント価格」

ワインにまつわるこんな逸話があります。

あるグループがワインを飲んでいるときに、実際は1本1000円のワインなのに、あたかも1本5000円ぐらいするようなワインだという能書きを聞かせるという実験をしました。

すると、そのグループは1本1000円のワインとわかった上で飲んでいるときよりも、「脳が快感を覚えている」というデータが出たそうです。

実際には、**「1000円レベルのワインなのに」**、です。

この実験データでは、「脳は高いものを喜ぶ」傾向があるということがわかりました。

つまり、売り手がお客様のためを思いすぎて、むやみやたらに値引きをすると、むしろお客様から感謝されない残念な結果にもなりうる、ということを示唆しています。

ここで、1つ注目したい心理があります。

「こんなに素敵な商品を買えるようになった私が素敵！」と思える、あるいは思いたい

ノーディスカウント価格　ワインの例

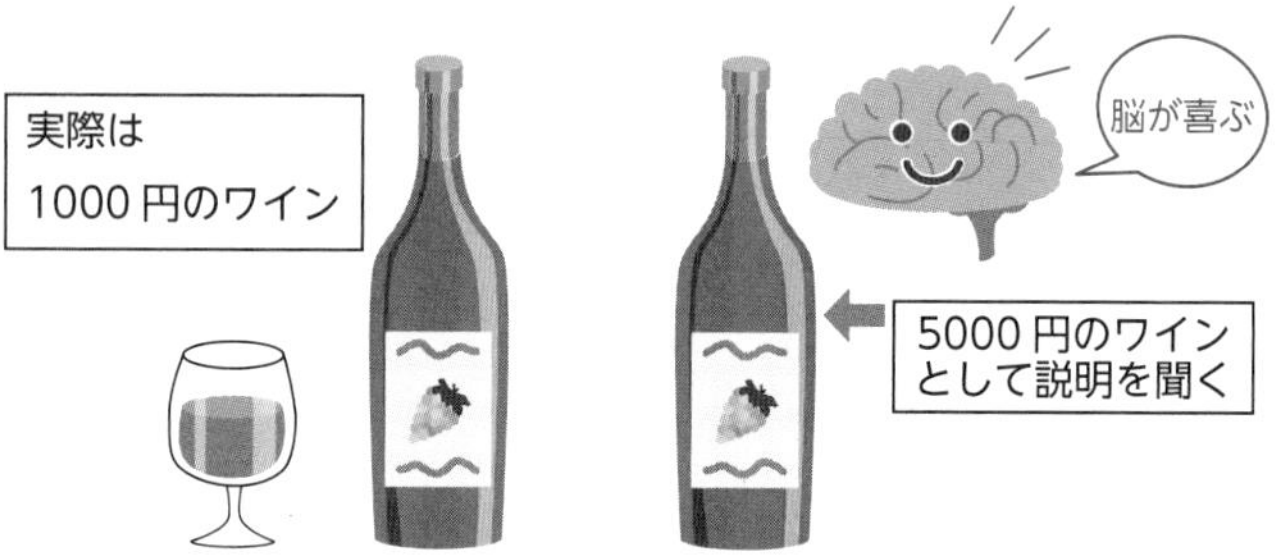

実際は
1000円のワイン

脳が喜ぶ

5000円のワイン
として説明を聞く

という心理です。そういう心の動きがあることを知っておいてほしいのです。

そして面白いのは、この心理は「価格の高い・安い」だけに働くのではなく、その商品を買っている自分自身にも価値を見出している点です。

これを「顧客経験」と呼びます。

この領域に達している商品・サービスは、たとえ高級ブランド品ではなかったとしても、新規顧客を捕まえるために必要以上に値引きしてはいけません。

お客様の心理や業界事情、時代背景などを考慮する必要はありますが、そのときに相応しい価格決定をして、「お客様の顧客経験の質」を低下させない「値引き」を考える必要があるのです。

もちろん、高価なものを購入することで自らのステータスを顧客自身が感じているような場合は、むやみに値引きをしないのが大前提です。

(7) 選択肢を増やしすぎない「ジャムの法則」

ジャムの法則(Jam study)とは、コロンビア大学のシーナ・アイエンガー教授とスタンフォード大学のマーク・レッパー教授が1995年に発表した、人間は検討できる選択肢が増えると逆に選択が難しくなるという法則のことです。

ジャムの法則

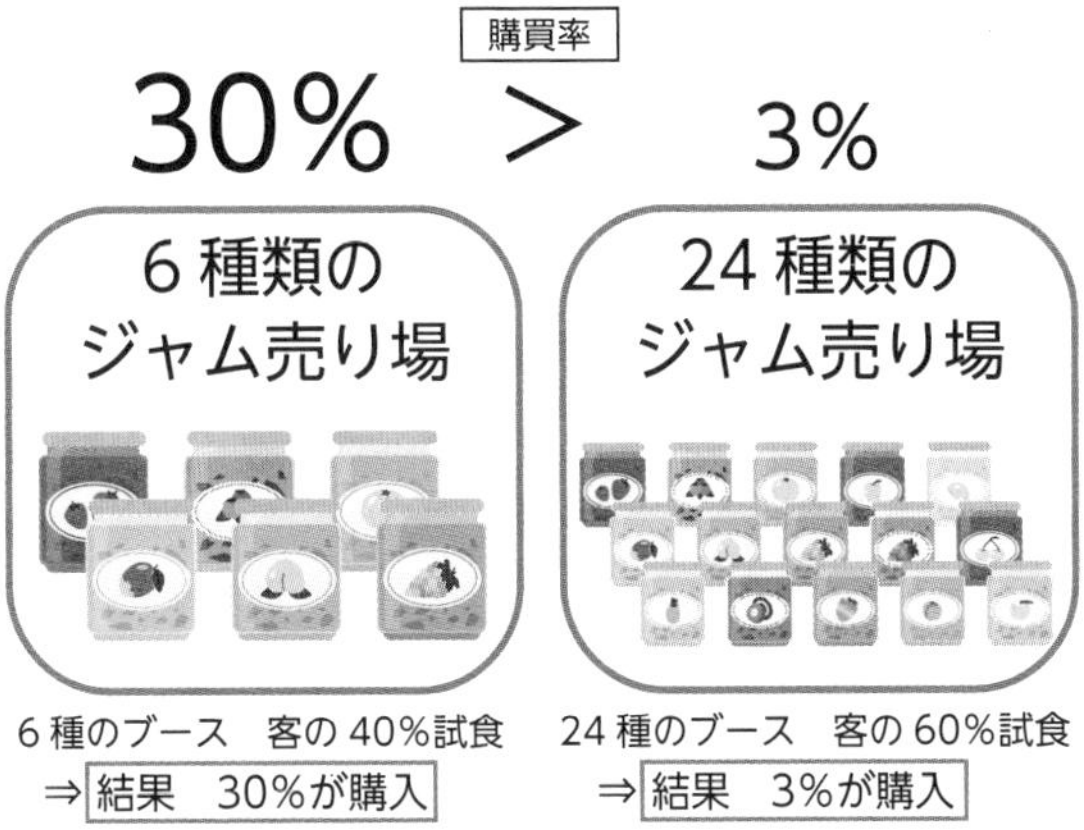

購買率

30% ＞ 3%

6種類のジャム売り場	24種類のジャム売り場
6種のブース　客の40%試食	24種のブース　客の60%試食
⇒結果　30%が購入	⇒結果　3%が購入

ジャムの法則の実験概要と結果

実験は高級食品店におけるジャムの試食販売でした。24種と6種のジャムブースに分けて試食販売。結果は上図のように購入者は6種のブースの方が圧倒的に多かったのです。

この結果から、「人は選択肢が多すぎると1つのものを選ぶのが難しくなり、選択すること自体をやめることもある」という心理作用が発見されました。

その法則の特性から「決定回避の法則」とも言われています。

ジャムの法則をどのように応用するか

ジャムの法則は端的に言うと、「選択肢が多すぎると決定しにくくなる」というものです。

だとすると、「売りたい商品」がある場合、売り手には同種の商品を並べて見せるときに品数や価格も3個から5個レベルで提示する必要があります。

【品数が多すぎると決定できない】

これは、特に女性の自営オーナーは知っておくべき事情です。

初めてのセッションで、集客のお悩みを持ったクライアントさんのＨＰのチェックをしたときに「あー、この内容だと売れないな～」と私が思う一番のきっかけ。それは……。

【商品数が多すぎて、どれが自分に合っているかわからない】

しかし、お客様は「シンプルでわかりやすい内容」でないと、そもそも選択できないのです。

価格は妄想領域に近いもの？

代表的な「エモーショナル右脳型価格」の中身をお伝えしてきましたが、いかがでしょうか？あなたが感じていた「価格」と「価値」の概念は、もっと自由で相対的に評価されるべきものと感じていただけたと思います。

【価格設定は妄想レベルでもよい】

私がそう感じているくらいに、価格には絶対的な判断基準があるわけではなく、「感情によって値段の上下の振り幅」がいくらでもある、ということです。

ですから、価格に対する向き合い方は「大事だけど、絶対的なものではない」と思いさえすれば、もっとライトに価格を付けられるのではないかと考えています。

買う人目線の感情価格

～購入プロセスは心理戦～

Emotion price 02

LESSON 2

Buyers Emotional price

①商品購入の優先プロセスは「感情が先、理論は後付け」

レッスン1では「価格は絶対的なものではなく、相対的に決まるもの」という概念を、主に「感情」という切り口からご説明しました。

価格とは、感情の入る余地もなく、原価や利益といった固定的な数字から決まるものと思っていた方には、新しい感覚だったと思います。同時にその感覚は、感情で価格を決めてもよいのだという、自由なアプローチ方法が開いたことと等しいのです。

そして、このレッスン2と次章の3では、さらに一歩踏み込んで「2　買う人目線の感情価格の決定プロセス」と「3　売る人目線の感情価格の決定プロセス」を解説していきます。

この仕組みを知ることで、あなたが大胆に価格を付けられるようになる下準備、言い換えれば「価格に対する心のとらえ方」が理解できるようになると思います。

さて、あなたは何かを買おうと思ったときに、「どのような感情」を持っているでしょょうか？

「その商品・サービスが欲しい」という感覚は、もちろんあると思います。

だからこそ「買いたい」と思っているわけですから。

では、その「買いたい」という気持ちになったときに、商品やサービスのスペックを細かく調べ尽くして、比較し尽くして、それからその商品を買いますか？

脳の構造からすると、男性脳は数字や理論から判断したがるので、先にカタログを取り寄せて、その効果効能をしっかり調べたり、価格との整合性を取ったりした上で判断する傾向があります。

一方、女性脳は感情や直感を優先したがる傾向があるので、「カワイイ！」とか、「ノリ」で商品を購入してしまうことも多々あります。いわゆる「衝動買い」と言われるものです。

これは、性別での区分というよりは、どちらの脳で判断するタイプなのかという話になります。ただし、女性脳の要素を多分に持っているのは、「男性」よりもやはり「女性」です。

Lesson 02

だとすれば、市場のあらゆる購入決定権の8割を女性が握っているというデータからも、「価格は感情から決定」してもよいということになります。

つまり、「女性が思わず衝動買いをしてしまう商品」ならば、ロジカルな方程式の枠を外れた感情価格の領域で決定してよいと考えています。

価格の概念が外れる「推し活」という活動

ちなみに、あなたは「推し活」という言葉はご存じでしたか?

「推し活」とは、アイドルやキャラクターなどの「推し」、いわゆるご贔屓を愛でたり応援したりする「推しを様々な形で応援する活動」のこと、だそうです。

普段、あらゆるものを節約している人なのに、コンサートやライブに行ったり、グッズを買ったりするときには気前よくお金を払う姿を見て、「好きなモノにはお金を払う」人のエネルギーを感じていたものです。

それこそが「推し活」の消費エネルギーなのです。

しかも、その対象分類も面白くて、3次元（実際の人物）・2次元（キャラクター）・人物以外（施設など）にも分かれていて（2・5次元もありますが）、自分が好きで応援するものすべてが対象になります。

推し活における消費活動の特徴は、商品・サービスそのものの「原価・利益」で成り立っているものではなく、「応援したい！　という感情」が上乗せされて価格が決まっているところです。

ですから、周りの人から見ると「なんでそんなものにそんな金額を払うの？」といぶかしがるものでも、本人が「喜んでお金を払っている」のだから、それでよいのです。

これこそ、まさに「感情価格」の消費活動です。

お客様は「何にお金を払っているのか」

売り手として値決めをする際には、このような摩訶不思議な「感情領域の値決め」を理解する必要があります。

例えば、1000円のグッズがあったとして、それが「キャラクターグッズ化」されたとたんに1500円・2000円になることもあります。

「応援する」「限定品をコレクションする」ということに価値があるので、高くても売れるのです。

それが現実の人だったとしても、同様です。

人気アイドルのコンサートなどでは、そのアイドルのファンにとっては何物にも代えがたい価値があるので、かぶりつきのS席などはどんなに高額でも売れます。「プラチナチケット」などと言われて争奪戦必至です。

つまり、お客様は「自分の喜び」のために高いお金を払っているのです。

感情が先、理論は後付けという消費行動

特に女性は、「これが欲しい!」という感情が先に湧き起ったら、それを自分が買わなくてはいけない理由を無理にでも後付けしていく場合が多いようです。

女性がよく使う言葉、「自分にご褒美♪」って、聞いたことありませんか?

かく言う私も、よく「自分にご褒美」をあげています。

【よい本を書くために、よい波動がある高級ホテルで1泊する】

そんなことも、実は、本の執筆のたびにやっていることです。

実務的に言えば、執筆は自宅でもカフェでもどこでもいいのですが、「高級ホテルで1泊して本を書く」というのは、著者になったらやってみたかった私の夢だったので、「夢をかなえるために」という感情的なものからスタートしています。

ご褒美消費は、その人にとっての「価値」があればよいので、スペックなどで説得できる領域ではありません。スペックだけなら、前述のように「本を書くだけなら自宅でいいじゃないか」という話になります。

「本を書くために」という理由を付けて「高級ホテルに泊まる」のです。

感情価格はストーリー重視で決める

感情が動く消費とは、その消費プロセスに「ストーリー（物語）」があることが必要です。

【人の心を動かす価格＝理由付け＝ストーリー】

単純に機能としてのモノを買うという消費の時代から、その人にとって「意味があるモノにお金を払う」人が増えてきていると実感しています。

買い手に対してストーリーを上手につくり、プレゼンテーションできることが、単なる安売り合戦の価格競争に巻き込まれない大切なポイントになります。

②2つの購入動機、「生活必需品」と「感情充足品」の違い

ここでは、購入動機に関わる「生活必需品」と「感情充足品」の違いを説明したいと思います。

・「生活必需品」

生活していく上で欠かすことのできない品。食品・衣類・洗剤・燃料など

・「感情充足品」

生活していく上で、なくても生活はできるが、より豊かな生活を送るために欲しい商品やサービス

本書ではこのように定義をしたいと思います。ちなみに「感情充足品」という言葉は、私がつくった造語です。感情の喜びを満たす商品という意味合いです。

この2種類の商品・サービスについて、「購入動機」から商品特性をお伝えしたいと思います。

「生活必需品」の購入動機

「生活必需品」は、いわゆる「生活」に必要なもの、という位置付けで購入します。

食品は、生きることに直接関わることなのであなたもイメージできると思いますが、「生命維持としての最低限の食」という意味合いになります。

逆に、高級レストランで恋人と2人、おいしいワインを飲みながらフランス料理をいた

だくという「食」は、生活必需品ではなく「感情充足品」です。

購入動機は「生活に必需、だから買う」なので、生活必需品には「ワクワク」や「ストーリー」は求められません。

例えば光熱費の場合、「このガス料金ワクワクするから喜んで払っちゃう♪」という方はいないと思います。もちろん「ワクワクしないから支払わない」と言えば、ガスは止められる。それだけです。

生活必需品の強みは、日常生活で「必要とされるもの」なので、リピートは必ずされる代わりに、価格競争にさらされやすいモノです。

「感情充足品」の購入動機

「感情充足品」は、買い手が「自分の喜び」のために購入するものです。したがって購入動機も千差万別です。そのため、「感情充足品」を扱うときには「ペルソナ設定」というマーケティングが必要だとされています。

ペルソナ設定とは、その商品・サービスの典型的なユーザー像として「一人の架空の人物」を想定し、そのプロフィールを、趣味や嗜好、価値観、行動パターンまで詳細に設定することです。マーケティングにおいて活用されますが、そうやって商品の特徴と購入動機とをリンクさせないと、「感情充足品」は全く売れないという事態になってしまうのです。

こんな事例があります。

「ハーゲンダッツ」というアイスクリームのブランドがあります。少しお高めの価格設定ですが、ミニカップやクリスピーサンドなどを展開しています。

ハーゲンダッツのＨＰには次のようなことが書かれています。

＊

完璧なおいしさをお届けしたい。
創始者ルーベン・マタス氏の熱い想いで作られた、
こだわりのアイスクリーム。
うれしい事があった日に、大切な人と、なんでもない日の締めくくりに。
ハーゲンダッツは日々の生活をちょっとステキな日にランクアップしてくれるご褒美。

＊

昔ながらのアイスクリームには「暑い日にのどを潤す子供向けの氷菓子」というイメー

ジがありました。ですから駄菓子屋さんでもスーパーマーケットでも、1つ50円とか高くても100円とか、そういう商品が多かったのです。

ハーゲンダッツジャパンが設立された1984年頃は「高級アイスクリーム」というマーケットはほとんどなかった時代です。そこに、新しい市場を開拓したアイスクリームなのです。

ハーゲンダッツが考えるペルソナ設定は以下のとおりで、これらをポイントに商品開発しています。

・20代後半から30代前半（アラサー世代）
・大きな贅沢よりも、ちょっとした贅沢（自分へのご褒美）
・フォトジェニックなパッケージで買うワクワク感
・インスタ映えするSNS発信の楽しさ
・蓋を開けたときの美しさ、食べているときの幸せ感

つまり「ただ、食べておいしいだけではない、贅沢な時間を楽しんでいただく」というコンセプトで開発されているアイスクリームなのです。

価格競争に巻き込まれにくい「感情充足品」

このように、既存の商品ジャンルであったとしても、時代背景や購入する人の感情や活用シーンを物語のように仕立てることによって、「新たな価値」で新商品をつくることはできます。

しかも、大企業でなければできないというわけではありません。

あなたの商品やサービスが、「ある特定の人に、高価値を感じてもらえる商品である」という物語をつくることができるのであれば、「新価格」の「新商品」をいくらでもつくれるのです。

しかも、その新価格の価値の中に「あなたのキャラクターでしか再現できないもの」が含まれるとしたら、オンリーワンになれます。そうなれば価格競争に巻き込まれることはありません。

例に挙げたハーゲンダッツアイスクリームが、従来のアイスの3倍の価格だったとしても売れたのは「欲しい人の欲求に応える商品だったから」に他なりません。

アイスクリームという、一見、子供しか購入しないかもしれない市場に「ケーキデザート」と「アイスクリーム」の中間のような商品をつくり出したことが成功の要因だったと言えるでしょう。

「感情充足品」の商品・サービスの設計は、「対象となるお客様の発見」と「その対象のお客様の感情と消費行動」を予測することから始まります。

この設計がきちんとされていれば、価格が3倍でも5倍でも売れる可能性は十分にあります。

生活必需品から感情充足品への転換

では、生活必需品の場合は、それ以上には価格設定はできないのでしょうか?

答えはNOです。

レッスン1でご紹介した高級ティッシュ「鼻セレブ」は、生活必需品から感情充足品へ転換ができたよい例です。

鼻セレブの最大の特徴は、「鼻をかんでも痛くならず、赤くならない」ことです。

ティッシュの基本機能は、「汚れたものを拭く」というものですが、花粉症などの方に向けて「鼻をかんでも痛くならない」という付加価値を持たせたことで、高くても売れる高級ティッシュの市場を開拓しました。

このように考えると、既存の商品が「生活必需品寄り」のモノであっても、アイデア次第では高価値・高価格の商品につくり変えることもできます。

「価格のハードル」を越える「感情価格」で商品の値付けをしたいのなら、購入する人の「感情」に応える商品設計が必須となるのです。

③「感情価格」は、その人の価値観で決まるもの

なぜ女性が「値決めが難しい」と悩むのか。

それは、その女性が「売り手」でもあり「買い手」でもあるからなのです。
つまり、こんな考えが働きます。
【自分が高いと感じている価値観は、相手も高いと思うだろう】
ここに「感情価格」の値決めのポイントがあります。
もう一度、おさらいします。
感情価格は「その人が感じる価値観で価格が決まる」ものです。
つまりこういうことです。
【あなたが高いと感じる価格でも、相手は高いと感じないこともある】
では、ここで一般的な「価格と価値」の違いについてお話したいと思います。

価格と価値の違いとは

「価格」はモノやサービスに自分が支払ったお金であり、「価値」はそのモノやサービスが自分に与えてくれる「満足度」や「お役立ち度」だと言えます。

例えば私の著書、1冊1650円の本があったとします。
それが集客や売り上げに役立つ本だったとします。誰が購入しても、この本は1650円という定価です。

ところが、価値はいかがでしょうか？

- **Aさんは、本を読んでも何も行動せずに特に変化なし**
- **Bさんは、本を読んで、ちょっと実践してみて、集客が少しだけ増えた**
- **Cさんは、本を読んでいろいろな工夫やチャレンジを実践して、集客が5倍になった**

このような3つの違うパターンの結果が出たとします。
つまり、価値はそれを扱う人、感じる人によって、いくらでも変わるのです。

もしかしたら、Cさんが私の本を読んだおかげで100万円稼げたとしたら、その本は100万円に値することになります。

人はどんなときに「購入を決断する」のか？

書籍くらいの小さな価格であれば、購入の決断にさほど苦労はいらないのですが、例えば1万・10万・100万円と、額が大きくなればなるほど「価格と価値」のバランスをシビアに判断しなければなりません。

資産家の人が投資物件1億円の不動産を購入できても、一般サラリーマン家庭の主婦が1億円の投資物件をそう簡単に手に入れることはできません。

資産家の人は、1億円で購入して2億円になるならラッキーとか、または場合によっては1円億がゼロになっても構わないくらいの「価値観」で購入するので、特に購入の痛みがないのです。

つまり、「価値∨価格」という図式どおり、**価値が価格を上回れば購入を決断できるの**です。

そしてこの価値は、必ずしも実益の価値だけを指すものではありません。

実態のない、例えば「心が喜べばよい」「癒やされるならよい」という心の消費に対して「感情価格」は相性がよいのです。

したがって「感情価格」は、そのモノの価値を「正しく理解してもらえる人」に提示するのがポイントです。

売る相手を変えるだけで価格が10倍!?

私が実際にコンサルティングをした、あるクライアントさんの事例です。

その方は、「パンのレッスン」を販売していました。当時のターゲットは「子育て家庭の主婦向け」でした。お金がそんなに出せない世帯ということで、1レッスン3000円で販売していたのです。

しかし私が状況を伺ったところ、どうもこのレッスンには「口コミで教室の先生がよく習いにくる」という話を聞きました。

そういうことであれば、「その先生たちが望むこと」つまり「自分の教室で、追加で教えるアイテムが欲しい」という要望に応えるべきだろう。ということで、「教室の先生向

け の」 レシピ使用ＯＫの商用ライセンスの講座につくり変えたのです。

若干、教室の先生向けに知識を付け加えてつくり直した部分もありますが、基本の内容は、ほとんど一緒です。

価格は、１レッスンあたり3万円近くになりました。元のレッスンの約10倍です。

結果として、このレッスンはものすごく売れました。

時代背景、流行り、参入タイミング、その他の要因もいろいろありますが、そのすべてがよい方向に出て成果が上がったのです。

価格はもとの10倍でも、欲しい人がいれば商売は成り立つという好例です。「必要と思う価値に対して支払う価格のハードルは、人によって違う」ということです。

価格と価値を混同すると「正しい値付け」ができなくなります。

ある人にとっての価値を理解して価格を決めること。それこそが、正しい「感情価格」を設定することにつながるのです。

④買う人の購買プロセスに立ちはだかる3つの壁

感情価格とは、ストーリーも含めて感情を動かして商品を購入していただくというもの。ですが、すべての購入者がすんなりと買ってくれるわけではありません。

ここでは、まずは「買う人」の心理になって「購入できない壁」を知る。その上で、その壁の突破方法も併せてお伝えしたいと思います。

購買プロセス上の3つの壁

購買プロセスに立ちはだかる壁としては、以下の3つが挙げられると思います。

①買う決断ができていない
②買える金額なのかを迷う
③買ったら後悔しないかを迷う

それぞれについて、買い手の気持ちと対処法をご紹介します。

①買う決断ができていない人

買いたいのかどうなのかわかっていない人には、やはりその人にとっての「正しい価値」を伝えることが必要です。

「価値∨価格」という図式どおり、ご本人が感じている価格に対しての感覚が「価値がある！」と確信しない限りは、購入を決定しません。

ただ、誤解していただきたくないのは、「誇大広告的に大げさに商品をアピールしなくてよい」ということです。

煽って売る商法もありますが、買い手が冷静になったときに「売りつけられた」という印象を持ってしまうので、リピートはありません。

商売を長く続けたいなら、「お客様に長く愛される商売」がよいのは言うまでもありません。

ご本人にとってどれだけ価値があるかを説明しても、タイミングというものもあります。無理にゴリ押ししなくてもよいと思います。

②買える金額なのかを迷う人

ります。そのときに一気に払えるお金はないけれど、分割なら今すぐその商品は欲しいという場合には、この案内でいけるでしょう。
まず、手近な解決策で済む場合としては、一括払いではなくて分割払いという方法があ

というのは、根底では「買うことを決めている」からです。

ところが、もう1つの要因である「価値∨価格」の「価値」をまだ感じ切れていない場合には、分割払いにしても購入されません。

ここを間違ってアナウンスしてしまう人が多いのでは、と思っています。

つまり、そもそも価値をまだ実感していない人に分割払いを勧めても、「買うと決めたわけではないのに、急かされた」という不快感を与えてしまい、結果として購入されなくなります。

であれば、対処法は実は①のケースと一緒で、「正しい価値」を伝えることが必要になるのです。

・単純に分割払いの話でいいのか？

・そもそも商品の価値をもう一度理解してもらう必要があるのか？

お客様が「買える金額かどうか」という話の前に、その商品に対するお客様の気持ちをきちんと把握してから話を進めないと、ちぐはぐになってしまいます。

③買ったら後悔しないかを迷う人

人は、得る喜びよりも損失に対する痛みのほうを重視する傾向がある、という話を聞いたことはありませんか。

つまり、買う喜びよりも買って残念な思いをするのは嫌だという、損失回避の考え方です。残念な思いをする確率のほうが高そうだと思ったら、買うのをやめる人が多いということでもあります。

【買う後悔と買わない後悔】

この言葉の受け取り方は、その人の性格によってそれぞれだと思います。しかし、安全を得たいなら「買わない」という選択肢のほうが無難でしょう。金銭的な痛みを伴いませんから。

こういう人への対処も、実は前述のケースと一緒です。「正しい価値」を伝えることが必要なのです。

正しい価値を伝えた上で、あとはご本人が決めることなのですが、「後悔するかどうか」の未来を見ているなら、「よくなる未来」を伝えることが不足しているのかもしれません。もしかしたら、そもそも売り手を信頼していないのかもしれませんね。

どちらにしても、私がこのケースの人とお話をするなら、その価値を改めてお伝えすることになると思います。

3つの壁を簡単に越えたければ……

購買プロセスの3つの壁を簡単に越えたいなら、次の要素が必要です。

【見た瞬間にその商品が欲しくなる、ストーリーに見合う感情価格の設定】

「価値＞価格」の図式を基本に考えるなら、余計な検討が入る余地もないぐらいに情熱が勝って「その商品、欲しい！」と感情が動くならば、なんの問題もなく商品は購入されることになります。

このときに必要な考え方は、「誰に」「何を」売るのかです。

そして、そのターゲットとして設定したお客様の感情に見合う価格が必要です。これがズレてしまうと、思ったような結果にはなりません。

この章で一番お伝えしたかったのは、「価格と価値」を混同しないことです。

この混同が値付けを難しくしてしまっている要因の一部なので、ぜひここできちんと理解していただきたいなと思います。

売る人目線の感情価格

〜迷わない販売価格の決め方〜

Emotion price 03

LESSON 3

Sellers Emotional price

①「よい商品だから売れるはず」という勘違いは捨てる

レッスン2では、主に「買う人目線」の感情価格についてお伝えしました。

なぜ先に「買う人目線」での価格の話をしたかというと、売り手が価格を決める際には、買う側の購買心理を理解しないとどうしても値付けに失敗するケースが多いからです。

レッスン2の考え方を踏まえた上で、レッスン3では「売る人目線の値決め」について解説していきたいと思います。

私は、主に自宅教室業の先生のための経営や集客のコンサルティングを行っていますので、日々の集客ができない要因についてのご相談もたくさんいただいています。

お話を伺っている中で、特によく感じているのが「よい商品なら売れるはず」という幻想を持っている人がとても多いという点です。

売り手が思う「よい商品」と、買い手が感じる「よい商品」が違うと、当然ながら売り上げは上がってきません。

ここでは、その勘違いと、修正する考え方のヒントをお伝えします。

そもそも「よい商品」って何？

ここで、あなたに問いかけてみたいと思います。

【あなたのサービスにおいて、よい商品とはどんな商品ですか？】

おそらく、人によって答えはさまざまでしょう。
ある人は、「手ごろな価格」をよい商品と言うかもしれません。
またある人は、「高い性能」をよい商品と言うかもしれないし、「高い品質」をよい商品の条件として挙げるかもしれません。

例えば、クライアントさんの現状として、とある商品・サービスが売れていないとします。
それが物品だった場合は、以下に挙げるような対策を立てるかもしれません。

・販売価格を下げる

・性能（機能）をアップする
・品質を上げる

または、サービス業だった場合には以下のようなことを考えるかもしれません。

・サービス価格を下げる
・教えるスキルを上げるために知識を増やす（性能をアップする）
・教える講座の材料を高いものに変える（価格は据え置き）

では、それをすべて実行してあなたが思う「よい商品」をつくったとしたら、果たしてそれは売れるでしょうか？

よい商品というだけで人は購入するのではない!?

よい商品をつくるだけで商品が必ず売れるなら、世の中の大半の商売人は困っていないはずです。

よい商品を「つくっているつもり」の売り手側の心理と、「よい商品を買いたい」買い手側の心理がズレているから売れないのです。

つまり、人は「価格が安くて、機能が高くて、品質が良いだけ」では、商品やサービスを買わない可能性があるのです。

そのことに気付かずに値付けをしていると、「骨折り損のくたびれ儲け」になってしまうことも多いはずです。

もちろん、価格が安く高機能&高品質なモノは、売れる可能性が高いのは事実です。

でも、そんな安い値段を付けて、あなたの商売は長続きしますか?

薄利多売の体力が続くのは、大手企業の特権です。中小企業、個人事業主は、薄利多売ではなかなか事業が軌道に乗りません。

強者（大手）には強者の戦略、弱者（中小企業）には弱者の戦略があります。同じ土俵で戦わないほうが賢明なのです。

買い手がたった1つの商品を選ぶときの基準

わかりやすく説明するために、実例で解説をしていきます。

私はワインが好きなのですが、とあるシーンで「ワイングラスを買いたい！」と思ったときの私の心理を例に検証してみましょう。

私は、一組のワイングラスを買いたいと思っています。

そのワイングラスは、私が仕事でうまくいったときの、自分で自分を褒めてあげる「ご褒美ワイン」を飲むためのワイングラスです。

ありきたりな普通の形のものではなく、デザインや意匠に凝っていて、「特別な日」にワインを飲むのに相応しいグラス。さらに、私が好きな「白ワイン」をおいしく味わえることも、もちろん機能として必要です。

普段使いではないので大切に扱う、という前提があるので、多少値段は高くても「飲んでいるだけで心も満たされる」「次の仕事もうまくいく確信が持てる」といった、充実の時間を過ごすお供として使いたいワイングラスが欲しいと思っています。

さて、こんなとき私はどんな基準でワイングラスを選ぶでしょうか？

もちろん「価格」は安いに越したことはないですし、「機能」も白ワインがおいしく飲める形状に越したことはない。さらには、見た目にはよくわからなくても、「ガラスの品質」も高いに越したことはありません。

でも今の私は感情的に「次の仕事の成功も確信できる特別な時間に飲むワインを入れるためのグラス」が欲しいので、その商品の見た目やストーリーが重視される可能性が高いのです。

例えば、見た目が少し変わったデザインで、手づくりで一点もの。成功している人が特別にオーダーメイドで頼むという、年に10組しかつくらない限定のレアなグラスだったとしたら、いかがでしょうか？

それが私の思いにかなうモノなら、通常の価格より高くても購入する可能性が高いのです。

そんな思いを持っている私に、次のような見当違いのワイングラスをお勧めされたらどうでしょうか。

・このグラスは広く販売されていて、とてもお手頃価格でお安いんですよ
・このグラスは、みなさんがよく好む人気No．1の形なんです

それは私の望むことと真逆な提案なので、絶対に買いませんよね。

非合理な視点を考慮しないと値付けを間違える

合理的な視点では、「価格」「機能」「品質」は当然判断します。

しかしながら、非合理的な視点＝感情的な視点では、「未来の願いをかなえてくれそうなストーリー」を商品に重ね合わせて購入します。

つまり、単純に合理的な理由だけでは人はモノを買わないのです。

ですから、人がモノを購入する「背景＝感情・感性」に注目した値付けをしないと、合理的な視点のみの商品改良を重ねて、さらに売れない商品を量産してしまいかねません。

逆に言えば、今ある商品でも、必要な人に必要な価値を伝えることで、内容を変えずに高い価格で再販売することもできる。

また、今ある商品を「よりよい商品へ」という思いで改良した結果、逆にオーバースペックになってしまい、いらないと言われてしまうこともあるかもしれません。

よい商品が売れないときのチェック項目

よい商品だとあなたが思っているのに、それが売れないときには以下の項目をチェックしてみてください。

価格を変える（値付けをやり直す）以前の要素も多分に含まれています。

①ニーズ：自分が売りたい商品を売っているだけ。そもそも市場がない。市場のニーズの調査不足

②ターゲット：売りたい商品と売る相手のマッチングのズレ（年齢・性別・価値観・ライフスタイル・スキルレベル・タイミングなど）

③メッセージ：伝え方がうまくいっていない。言葉が刺さらない

感情や感性で商品が選ばれる時代の値付け

ここまでで、あなたはあなた自身が「よい商品」だと思っているものでも、必ずしも売れるわけではないということは理解していただけたと思います。

もちろん、価格も安いから必ず売れるわけではないということも、おわかりでしょう。

今の時代は、商品を「問題解決のため」だけに購入するのではなく、「気持ちを満たすため」などの「感性」に関わる部分で商品やサービスが購入されます。

ゆえに値付けも、単純に合理的な理屈だけで決められるものではありません。値付けの幅も広く、多様化しているのです。

その背景を読み解くには、「買い手の感情に焦点を当てる」必要があります。

「感情や感性で商品が選ばれる時代」であるということは、これからの値付けは、「商品そのもの」というよりは、「買う人の活用シーンや感情」をどれだけ創造できるかで、値段がいくらでも変動するということなのです。

商品よりも買う側の感情に沿った値付けは、あなたの商品を買ってくれる人のことを、あなた自身がどこまで深く知っているかどうかで大きく左右されます。

つまり、値付けをしたければ「対象となるターゲットの人の心理と心情」をどれだけ理解できるかが大事。そこからスタートすることが必要になるのです。

②SNSで商品を売りたければ、「商品」を売ってはいけない!?

今や個人事業主だけではなく、大手企業も活用しているSNS。人によって使い方もさまざまです。

もちろん、ダイレクトに商品を紹介することで売り上げを上げているオーナーも多いようです。特にインスタグラムなどでは、その傾向が顕著ですね。

もちろん、私は決してSNSで紹介することを反対しているわけではありません。

SNSは自分の商品やサービスを紹介するためには、有効に使える素晴らしいツールだと思っています。

それにもかかわらず、なぜ「SNSで商品を売ってはいけない」と私が提案しているのか、その背景を解説します。

人はなぜ押し売りを嫌がるのか

ここではまず、なぜ人は「売り込みされるのを嫌がるのか」を考えてみたいと思います。私が思うに、「売り込みへの嫌悪感」と「セクハラへの嫌悪感」はとてもよく似ている、というお話です。

「セクハラ」はひと言で言うと、「男女を問わない性的な嫌がらせ」という定義があります。相手の意に反する性的な言動によって、不快な感情を抱かせるということです。

もちろん許されるべきことではありません。

ただ、微妙なレベルの例であれば、「上司」が部下を激励するために「肩をポン」とたたいただけでも「セクハラ」とされてしまうことがあります。主にその上司を部下が「嫌っている」場合に発生しやすい事例です。

しかし、逆にその部下が「尊敬していて好きだ」と思っている上司に「肩をポン」とたたかれたらどうでしょう。むしろ好意的に感じてしまう可能性が高いのではないでしょうか？

行動は同じなのに、部下が感じる「本人の感情次第」で、結末が違ってしまうのです。

売り込みへの嫌悪感、すなわち「押し売り」に対して嫌な感情を持つのは、以下のような理由です。「セクハラへの嫌悪感」と通じるものがあります。

・自分が欲しいと思っていないモノを無理に勧められる
・自分が欲しいと思っていないタイミングで購入を迫られる

SNSでの商品・サービスを紹介するコツ

SNSで商品を紹介するには、「欲しいと思っている属性に」「欲しいと思ってもらえるタイミング」で告知をする必要があります。

そもそも、その商品を欲しいと思っている人があなたのフォロワーになっている場合はよいのですが、そうでなければ「押し売りされたような」気持ちになってしまうものです。

Lesson 03

ですから、どちらかというと一般的な関係性を深めるタイプのSNS（Instagram・FaceBook・YouTubeなど）では、商品そのものというより、「あなたの思想や考え方」を伝えていくほうが向いています。

一方、あなたの商品やサービスに興味を持っていて、その情報を欲しいと思う人に情報発信するのに向いているのは、LINEやメルマガです。

定期的にお役立ち情報と商品紹介を混ぜながらお伝えすることで、購入してもらえる確率が上がります。

つまり、商品を告知するなら、最初から「欲しいと思ってもらえる属性」を集めておくことです。その集団の中でなら、商品紹介をしても好意的に受け入れてもらえる確率が高くなります。

もちろん、嫌だと思う人は情報が発信された段階でブロックや解除するでしょうが、そういうタイプの人は結果的に商品を購入する確率も極めて低いので、そこは割り切りが必要になります。

商品価格は「感情価格」でも判断されている

商品を紹介するタイミングや相手を間違えると、意味もなく「高い」と思われたりするのは、価格の判断が「感情で左右される」ことが多いからです。
ですから、まずは「伝える相手とタイミング」見計らいましょう。

SNSでやたら商品やサービスの告知をすると、かえってイメージダウンになる可能性もあります。
商品を買う=買い物をする、という「素敵な体験」には感情が付いてきます。
そしてその体験や価値も含めて、感情で「価格」を判断します。
信頼関係が浅い相手には、どんなに素敵な商品であっても価値が伝わらず、「高い」と思われたり「押し売り」と勘違いされたりすることもあるのはそのためです。

だからSNSでは「商品を売ってはいけない」のです。

仮に「売る」という言葉をあえて使うなら、「あなた自身の考え方を売る（知ってもらう）」

Lesson 03

という使い方が適していると思います。

③価格は「感情」で上限がいくらでも変わる不可思議なモノ

さて、突然ですが、あなたはオークションで商品を購入した経験がありますか？

一般的に経験があるとすると「ヤフオク！」かなぁと思います。

「ヤフオク！」はYahoo!の提供する「個人でも気軽に商品の売買ができる日本最大級のインターネットオークションサービス」です。

私も昔、「ヤフオク！」で商品を落札して購入した経験があるので、その経験談から「感情価格」の解説をしようと思います。

オークションだと予算オーバーしてしまう不思議

私が以前購入したことがある商品は、私が好きなブランドのキーホルダーです。そのブランドの標準価格では1万5000円程度のモノでした。

オークションというものを体験してみたかったこともあり、アカウントをつくり、入札してみました。確か最初のスタート価格は500円程度だったように記憶しています。

入札をすると、しばらくして誰かが100円アップの600円で入札してきました。

私も負けじと100円アップの700円で再入札。

するとまたしばらくして、相手の人が800円で再入札……。


当初、私が自分の中で決めていた予算は2000円ぐらいで、行っても3000円までと考えていました。

だから最初は、500円で買えるならラッキー、くらいの気軽な気持ちで入札してみたのです。

しかし、見ず知らずの「誰か」も、同じようにその商品を欲しいと思っている……。

そう思ったら、何か変な対抗心が生まれてきたのです。

そのキーホルダーは当時すでに廃番品で、他でもなかなか手に入らないものとなっていました。

人の心理は不思議なもので、「もう手に入らないかもしれない」と感じた瞬間、急にこの商品を「欲しい」と思う気持ちが強くなりました。

私がせっかく見付けたキーホルダーなのに、同じように誰かが欲しいと思っている。競争心に火が付いたのです。

もともとの予算は高くても3000円だったのが、競り合って最終的に落札した金額は3800円。800円オーバーでの落札でした。

商品そのものの価値が変わったわけではありません。機会損失の残念さと入札ライバルへの競争心が私の想定していた予算を押し上げたのです。

そのとき、本当にそのキーホルダーに3800円の価値を見いだしていたのかと問われれば、きっとそうではないと答えるしかありません。

今振り返ると、購入してしまった要因として大きかったのは「ここまで入札した挙句に誰かに取られるのは悔しい」という、単純な感情だったと感じるのです。

私に限らず、オークションにはもともと決めていた予算を「超えさせる」不思議な感情のチカラがあるのだと思います。

予算を超える「感情価格」はオークションでなくても発動する

わかりやすい事例として「オークション」のお話を紹介してみましたが、「感情価格」はオークションという特殊な環境下ではなくても「発動させる」ことができます。

つまり、どのような気持ちになれば、買い手が思っている予算の上限が外れるのかということをあらかじめ理解できれば、「感情価格」を上手に扱うことができるようになります。

予算は、「理性」で決めます。予算オーバーは「感情」で決定します。

理性を軽々と超えさせることができる、エキサイティングな買い物体験があるなら、予算の上限が外れます。

つまり買い手が言っている「予算」には、本当にどうしようもなく確定的な金額の場合と、実は多少は余裕も含んだ**「感じる価値で変わる予算」**との2種類があることを理解したほうがよいのです。

「感情価格」はあってないようなもの

コンサルティングをしているクライアントさんとお話していると、「私のお客様はお金がない方が多いので、こんな高額の商品は売れない気がします」というお話を、よくお聞きします。

確かに、それも一理あるでしょう。

本当にお金がない、予算がない人もいます。

しかし、本当にそういう人ばかりなのでしょうか？ そして、なぜ「私のお客様は全員お金がない」と言い切れるのでしょうか？

お客様が言う「お金がない」という言葉には、「提案されている商品に支払う価値を感じていない」という意味も含む場合があります。

本当にお金がない、予算は1円たりとも上乗せできないケースと、「価値ある商品ならもう少し予算を出してもいい」と思っているケースがあるのです。

お客様は無意識に嘘をつきます。

損をしたくないという防衛心から、本当の予算よりも低めに伝えることは多々あります。
つまり、「あなたはその言葉を真に受けてはいけない」ということなのです。

「お金がない＝あなたの提案の商品に魅力を感じていない」ということであれば、それは「魅力を感じたら（支払う金額以上の価値を感じたら）購入する」ということの裏返しでもあります。

理性からはじき出された予算を超える「商品の価値」を、売り手がうまく伝えることができさえすれば、買い手にとっての「商品の感情価格」は変えることができるのです。

その下準備として必要なのは、「お客様の本心からの興味」を知ることです。
その上で感情にアプローチする価格を提示すると、想定予算より高いモノでも購入してもらえる確率が上がります。

実は、売り手が知らなくてはいけないことは「買い手の感情価格の上限は、理性予算の上限ではない」という曖昧な感覚なのかもしれません。

④お客様の財布をあなたが配慮する必要はない

「私のお客様は、この値段では買わないと思います」

これは、私のクライアントさんに値上げや高額商品の構築を提案すると、よく言われるセリフです。

確かに、そういう側面もあるかもしれません。

しかし、今まで一度もその価格をお客様に提示したことがないのに、なぜ「お客様は100％買わない」と断言できるのでしょうか?

そんなとき、私はクライアントさんにこのように伝えています。

「あなたがお客様のお財布を配慮する必要はありませんよ。買いたい人は勝手に買いますから」と。

つまり、最終的な購買決定権は「お客様」にあるのです。

あなたがお客様の懐具合を判断する必要はなく、あなたはただ「提案するだけ」でよいのです。

先入観で判断すると売れるものも売れなくなる

人は、自分の趣味嗜好には、他の人が理解できないようなお金を投入することもよくあります。

例えば、洋服代には毎月5万円使うのに、食費は1万円の人とか、外食費は交際費も含めて月に10万円使うのに、洋服代は5000円の人とか……。

何にお金を使うのかは、その人の価値観でしかないのです。

ですから、あなたがお客様の価値観を、そのバックグラウンドまで含めてすべて把握しているのならば、「この商品は絶対に買わない」と断定したとしても、おそらく正解なのでしょう。

――しかし、おそらく通常の付き合いではそこまで把握するのは難易度が高いはずです。

では次に、もう少しわかりやすく、こんなお話を紹介しましょう。

「人は見かけによらない」という言葉もありますが、まさしく身なりが質素なのに実はすごいお金持ち、という話もよく聞きます。

言葉では「生活はギリギリで」と言っておきながら、実は月に使っている生活費が少ないだけで、貯金は3000万円あるという人だっています。

「お金がない」という言葉も実は曖昧で、その人にとっての「お金がない」は、手元に10万円以上使えるお金がないときのことを言っているにすぎないかもしれないのです。人によっては、手持ちが1000円を切ったら、あるいは1万円を切ったら「お金がない」という価値観かもしれません。

つまり、同じ言葉を使っていても、その人の価値観がわからない限り「お金がない」という言葉は「同じ意味にはならない」のです。

ということは、あなたが、「この人はお金がないから商品の案内をするのをやめよう」と思った瞬間に、販売するチャンスを失います。

自分が売れないと思っていた商品も、実は案内をしたら「そんな商品あったら欲しいと思っていたんです！」と、喜んで購入されるかもしれません。

その可能性は誰にもわからないのです。

「このお客様はお金がないから買わないだろう」といった変な先入観はいらない、ということです。

購買決定権はお客様。あなたは見せるだけ

【買うか買わないかは、お客様が決めること】

このシンプルなルールを自分で把握しておけば、あなたがやるべきことはとてもシンプルになります。「その商品の魅力を最大限に伝えること」だけなのです。

だから、買い手の感情価格のマインドブロックは、実は自分自身の自尊心だと私は考えています。「価格を提案した↓買わないと言われた↓自分が否定されたと思い↓傷付く」というプロセスをたどる人が多いと感じています。

もちろん、購入されるであろうそれなりの適正な価格は、把握しておく必要があります。それでも、新しく投入した新価格の商品が売れるか売れないかは「提案してみない限り本当に売れるかどうかわからない」のです。

私は、いつでもお客様が答えを持っていると思って活動しているので、まずは提案してみるタイプです。つまり、売れるかどうかわからないなら「売ってみてから判断する」の

です。

そこで売れたらラッキーですよね？

売れなかったから売れなかった原因を考えて、改良して、再度トライするだけです。

売れるかどうか不安というのは、実はナンセンスです。

売れるかどうかの答えは「お客様が決めること」なので、「あなたが決めること」ではないからです。

買い手の感情価格を考えるとき、「売れるかどうかを考えてしまう」売り手のマインドブロックを外すことは、実はとても大事なことだと感じています。

⑤お客様の本心を理解するために自分の正義感やルールを手放す

「私なら、これ、買わないと思うんです」

「私なら、これ嫌だから、きっとお客さんも嫌だと思うんです」

これは、新価格を決定するときにクライアントさんから出てくる言葉です。

一見正しい分析に見えるようなこのセリフ、あなたも使っていませんか？

このセリフの主語をもう一度見ていただきたいのですが、「私なら」という言葉になっています。

そう、お客様は「あなたではない」のに、なぜ、あなたは「あなたのルールで」お客様の行動を決め付けてしまうのでしょうか？

コンサルタントの目線は公平で客観的

私はコンサルタントという職業柄、自分の感情と客観的な判断を常に分けて考える癖がついています。

つまり、「私はこう考えるけれども、このようなタイプのお客様なら、こういう考えの可能性が高いだろうな」という思考癖が日常的に備わっています。

だから「私なら」という考えを、そのまま「お客様に」適用することはしないのです。

この点が、クライアントさんと私の視点の大きな違いです。

女性脳はもともと「共感」という性質を持っています。

「そうそう、わかるわぁ、その気持ち」という言葉に代表されるように、女性脳は「共感」というつながりで人付き合いの範囲を拡大したりします。

そのこと自体はとても素敵なことで、だからこそ女性の口コミ力は強力なのです。情勢の共感の連鎖は次々に広がるからです。

ところが「値決め」という、おそらくほとんどの女性が苦手と思われる領域で判断しようとするときに、つい「自分がそう思うのだから、あの人もそう思うに違いない」と、判断ミスをしてしまうのです。

こと価格に関しては、その人の生い立ち、ライフスタイル、モノに対する価値観、何を大事にするのかなどによって、持っているお金の予算配分が変わります。

まさに、「洋服代には毎月5万円使うのに、食費は1万円の人」「外食費は交際費も含めて月に10万円使うのに、洋服代は5000円の人」という状態です。

相手の価値観や大事にするものがあなたと違っている場合には、価格に対しての「感情的な受け取り方」が違うということです。

無意識にやりがちなマイルールや価値観を手放す

新しく価格を設定するときには、自分の価値観はあったとしても、いったんそれは手放してください。

商品を購入するのは「お客様」です。

その人の価値観を100％知り尽くしていない限り、正解は出ないのです。

ですから、初めて新しい商品・サービスの値付けをするときには、「売れないかもしれない」からどうしようと躊躇するのではなく、「この価格で反応があるのかな」と試すぐらいの気持ちで、とにかく「売ってみる」という行動に変えるのがポイントです。

自分の既成概念が新商品や新価格の邪魔をする

自分の中のマイルールが強い人は、新しいことになかなかチャレンジできません。

なぜなら、自分で勝手に「うまくいかない」と思ってしまっているからです。

価格のマインドブロックもほぼ一緒で、自分で「高い」と思っていると、紹介文章などにも自分が「高い」と思ってしまっている負のオーラが出てしまうので、お客様にその感情が伝染します。結果「高い」と思われて、買われないことが多々あるのです。

ですから、まずは自分の既成概念を持たずに、「やってみてから考える」ほうが、よほど早く結論にたどり着きます。

ちなみに私のお年玉福袋パックは、売れたらラッキーというくらいの気持ちからスタートしていますが、結果として5年で626万円の売り上げ、1年平均125万円を売り上げるアイテムになったのです。

試すことにはリスクは何もありません。

価格に対する売り手の既成概念や制限が強いと、よい値付けはできなくなります。

つまり、商品を上手に売りたかったら、「売り手（あなた）の感情価格」よりも「買い手（お客様）の感情価格」を優先して構成したほうが、楽に商品が売れることが多くなるのです。

⑥商品は〝感情を動かすストーリー〟の中で価格を見せる

私は日々、クライアントさんの申し込みページ（LP：ランディングページ）の添削チェックを繰り返しています。

その中で、特に重要視しているのは「文中の価格提示のタイミング」です。

この提示タイミングが悪い人は、いくら商品がよくても、申し込まれないことが多いのです。

ここでは、そのメカニズムをお伝えします。

「価格」を判断する基準は「価値」とのバランス

あなたは、何か欲しいものがあったときに、それが安いか高いかをどこで判断していますか？

性能・機能で判断する、競合製品との比較で判断するなど、いろいろあるでしょう。それでも最終的に判断を下すときには「欲しいか欲しくないか」という感情の部分で決定し

価格と価値と感情の関係性

	感想	価値と価格の関係	買い手の感情
1	品質の割に高い	価値 < 価格	× 不満足
2	この値段なら安い	価値 > 価格	◎ 大きな満足
3	値段もよいが 品質もよい	価値 = 価格 (高いところで釣り合う)	○ 満足
4	値段は安いが、 それなりの品質	価値 = 価格 (低いところで釣り合う)	△ 不満でも満足でもない

ているはずです。

つまり「価値≧価格」であり、価格以上に感じる価値があればよいのです。その価値基準は個人の思想、価値観によるので、結局「感情価格」で決定されています。

この感情価格は、先に「感情」が動き、そのあとに「価値」を理解して、納得して「価格」を知ることになるので、スムーズに商品を購入していただけます。

逆に「感情」も動かず「価値」も納得していないのに、いきなり「価格」が提示されたら商品は購入されないということ。安くて気軽に買えて痛手も少ない日常消耗品ならまだしも、数十万円するような高価なモノを買う場合は余計に敬遠されます。

「感情」が先に動かない状態でいきなり「価格」だけ見せられると、「価値」がわからないので購入に至らない。

この流れはとても大事なので、よく理解してください。

同じ価格の商品でも伝え方の順番が悪いと売れない

ある程度、事業経験や営業経験がある人なら、同じ価格の商品でも「伝える順番」で買われたり買われなかったりする、ということをよくご存じだと思います。

反対に、営業経験がなかったり独立して間もなかったりという人は、「どんなタイミング」で価格を伝えればよいのかがわからないので、成約しにくい状況をつくっていることが多いのです。

幸いなことに、私は独立して自営業を始める前に22年間あらゆる営業職（法人・個人・ルート営業・飛び込み営業・反響営業など）を経験していたために「成約のタイミング」を体で覚えていたのがラッキーでした。

直接対面で成約を取るスキルは、そのままWEB上での成約のスキルとしても、とても役に立っているからです。

Lesson 03

特に「価格提示」は成約につながる最後の「肝」の部分です。ここでコケると、途中でどんなに素晴らしいプレゼンテーションを行っていたとしても契約が取れなくなり、結果として売り上げはゼロになります。営業職としては絶対に避けたい事態です。

ゆえに私は数十年の営業経験を通して、いかに効率よくお客様に理解納得していただき、かつ喜んで商品を購入してもらえるように説明するのかを、トライ&エラーで習得していきました。

結論として、「価格を伝えるタイミング」が成約の一番重要なシーンであり「肝」になるということを理解したのです。

順番を間違えると、買ってもらえる商品も買ってもらえなくなります。

そして厄介なことに、お客様が一瞬でも「高いな、買うのやめようかな」と思ってしまったら、その感情を覆すことはとても難しくなります。

だからこそ、スムーズに購入してもらえるよう、順番を間違えずに説明と価格提示をする必要があるのです。

買われやすい商品価格の正しい伝え方

ズバリ、結論から言います。

それは「感情を動かすストーリー」の後に「価格提示」があることが重要です。

みなさんは、「奇跡のリンゴ」をご存じでしょうか？

映画化もされた有名なリンゴの話なので、ご存じの人も多いかと思います。

リンゴ栽培において農薬や肥料は必要不可欠という常識を破り、絶対不可能と言われた完全無農薬無肥料での栽培を可能にした青森県の農家・木村秋則さんのリンゴです。

木村さんの「奇跡のリンゴ」誕生までの約10年のストーリーは、木村さんの奥様が農薬で体調を崩されたことから始まり、貧困苦による自殺寸前からの奇跡の復活&栽培成功までの感動の物語です。

2つに切って保存しておいても、普通は変色して腐っていくのに、しぼみながらも赤い色をわずかに残し、甘く香ったまま。さらに1991（平成3）年の台風直撃では、リンゴの木そのものが風で倒れるというほどの被害が起きた中でも、木村さんのリンゴの木には8割以上の果実が残っていたそうです。
そんなこともあり、「奇跡のリンゴ」は通常のモノよりも高値で取引されるどころか、現在はほとんど手に入らない状態になっているくらいの人気です。

さて、この奇跡のリンゴの話を聞いて「食べてみたい」と思いませんでしたか? しかも簡単には手に入らないという今の状況を聞いたら、もっと「食べてみたい」気持ちになりませんか?

もしもあなたが、特にストーリーも何も聞かない状態で「奇跡のリンゴ」を単に高価な高級リンゴとして目の前に出されたとしたら、どうでしょう?

——きっと「単なるリンゴ」として、スーパーで売っているモノと比較して「高い!」と思うに違いありません。

つまり、ストーリーがあれば「奇跡のリンゴ」としての価値の認識をしてもらえますが、ストーリーがなければただのリンゴに見えてしまう、ということなのです。

ですから「感情価格」の提示をするには、その商品・サービスにまつわるご自身の思いや裏話、購入者にとってのメリットなどをしっかり伝えてから価格提示をしなくてはいけません。

例えば、私も営業のときに経験がありますが、商品内容をしっかりと説明している途中の段階で、本当に欲しいと思った人であれば「買いたいです!」となることも多いのです。

私がみなさんの商品のLP（申し込みページ）の添削や、体験会の運営、成約までのお話の仕方などをチェックしていると、全体的に「伝え方が足りていない」または「伝える順番が違う」と感じることがよくあります。

伝える手間を面倒に思って省いてしまう。

そんな風にして「価格」を伝えるから「成約」しないのです。

正しい価格の伝え方は「感情が先、価格が後」です。

高額の商品・サービスは、「ストーリー」との「共感」なしでは、ほぼ成約しないと思ってください。

繰り返しますが、「感情価格」はストーリーで伝えることが大事で、そのストーリーをしっかり構築することが必要不可欠なのです。

買う人・売る人も幸せになれる感情価格の値決め法

Emotion price 04

LESSON 4

Buyers Sellers Happy price

①価格は妄想から決める!?
あなたが欲しい金額で人を引き寄せるコツ

レッスン1・2・3と読み進めてレッスン4にたどり着いた人は、おそらくこの本を読み始めたころに比べて、「価格」に対するご自身の概念がかなり変わってきているのではないでしょうか?

レッスン1では論理型と感情型の価格の違いを知り、レッスン2では買う人目線の感情価格を、レッスン3では売り手目線の感情価格を解説してきました。

そして、このレッスン4では、ここまででお伝えしてきた「感情価格」の概念を使って、売り手も買い手も幸せになれる「感情価格の値決め」について解説していきます。

「欲しい金額」で販売すると、あなたもお客様も幸せになれる

値付けに困る人の多くは「安くしないと買ってもらえないのではないか」という幻想に

捕らわれています。それで値付けがうまくできないのです。

本当は自分が欲しい価格で値付けをしたいが、その価格だと誰も買ってくれないのでは？　という不安から、とりあえず「安く」値付けをしてしまうのです。


この時点で、あなたはすでに「幸せ」ではありません。

では、あなたが「欲しい」と思う価格を付けたら、逆にお客様は「不幸」になるのでしょうか？

――おそらくそんなことはないはずです。

なぜなら、たとえあなたが「欲しい」価格を付けても、お客様には「欲しくなければ買わなくてもいい選択権」があるからです。

つまり、あなたが欲しい金額で販売した商品を、欲しい人だけが購入するので、どちらにとっても幸せなことになります。

「あなたはいくら欲しいですか？」からスタートする値決め

私は、経営コンサルタントとしては少し変わったアドバイスをすることも結構あります。

そんな私がクライアントさんと値付けのお話をするときに、よくお伺いするのは「あなたはいくら欲しいの？」ということです。

通常のセオリーでは、競合がいくらだからとか、お客様が支払えそうだからという調査から判断することが多いものです。もちろん、私も業界の価格調査は行います。それでも値付けに迷うなら、逆に本人が欲しい金額をベースに商品設計すればよいのです。この際の商品設計というのは、「誰にどんな商品・サービスを提供するのか」ということです。

みなさんのお話を聞いていると、「お客様を変える」という発想が少ないように感じています。お客様が変われば、出せる金額も欲しい商品も変わるのは、ごく当たり前のことです。

だから、値付けに困るなら先に「自分が欲しい金額」を決めて、それが今のビジネスの中に入れ込めるならそのまま価格を付ければよい。難しいなら「売り先（お客様の属性）」を変えてしまうほうが早い。それだけのことです。

そう思うだけで「値付け」のハードルがずいぶん下がると思いませんか？

値決めが妥当かどうかは売ってみないとわからない

ただ、このような話をすると「今までのお客様を捨てるんですか？」と言われることも多いので、お答えします。

結論から言うと、捨てる必要はありません。

既存のお客様と新規のお客様と、サービスの内容も価格も変えて両方とお付き合いすればよいのです。

ただし、この方法には、ご自身が動ける余裕（キャパシティ）が必要になります。また、事業的に違うタイプのターゲットを持つことになるので、ブランドが破綻する危険性もあります。

結果として、どこかの段階で既存のお客様と別れる未来もあるかもしれませんが、それはキャパシティオーバーになりそうという状態になったら、そのときに検討すればよいだけのことです。

値付けで迷って、不安を抱えて動けないくらいなら、「好きな価格を付けて売ってみる」

感情価格決定の流れ

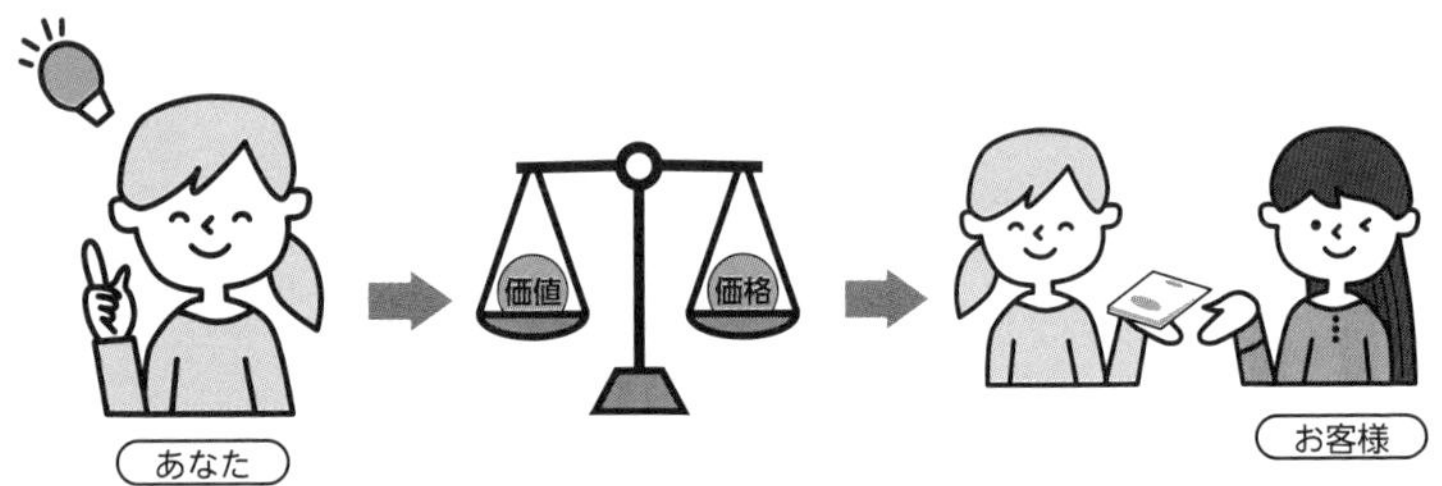

好きな価格を決定　見合う価値を決める　欲しいと思うお客様を想定

ほうがはるかに楽です。

つまり「売ってみないとわからない」が答えなら、あなたは「妄想価格＝感情価格」として、好きな価格で決めてよいのです。

その手順は次のようなものです。

あなたがまず「好きな価格」を決める→それに「見合う価値（企画）」を決める→それを「欲しいと思うお客様」を想定してつくり込む。

通常は「売る相手」を決めてから、その人が喜ぶモノを決めて、最後にその人が喜んで払う価格を決めるという順番なので、逆の流れで商品設計をすることになります。

難易度は前者のほうが高いのですが、「高額商品・

高付加価値商品」を売りたい場合には、どちらかというと前者の流れで決めることが多いのです。

②価格は比較で決まるから「比較される土俵」を自ら変える

こんな「魚釣り」のたとえ話があります。

ある池（A）には大量の魚がいます。

一方、少し離れたところの池（B）には魚は全然いません。

あなたは魚がどこにいるかはわかっていません。そして、2つの池がさほど離れたところにはないことに気付いていません。

餌と釣竿を渡されて魚を釣ってくるように言われたあなたが、最初にたどり着いた池（B）には、実は魚が全然いないのです。

当然いくら釣竿を垂らして何時間もそこにいても、魚は釣れません。

さあ、こんなとき、あなたはその池（B）に見切りを付けて、まだ見ていない池（A）

に移動できる人ですか?

実は、このたとえ話のような状況は、私がコンサルティングしている教室の先生などとお話しているときに、よく出現するものです。

【その人が集客したいターゲットがいない場所で、集客を一生懸命やっている】

いわば、魚がいない池(B)で必死に魚を釣っている状態です。(P154図参照)

もう少し具体的に言えば、ネットやWEBをほとんど見ないタイプの人(新聞やチラシやフリーペーパーぐらいなら見る)を集客したいのに、Instagramやその他SNSツールで集客を図っているようなものだということです。

集客の確率を上げたいなら、集客活動は見込み客がいそうな場所で宣伝告知をすることがポイントです。

魚がいない池でいくら釣竿を垂れても魚は釣れないのです。釣れないとわかったら、どこかのタイミングで他の池に探しにいかないといけないのです。

しかし、そのことに気付いていない人もいれば、「こんなに粘ったのに今さら替えられない。労力もかかるし、嫌だ」と、他の池を探しにいかない人もいます。そして、無情にも時は過ぎていきます。釣り人の体力もどんどん消耗していくのです……。

評価される土俵を変えると、価値観も価格も変わる

「魚釣り」のたとえ話は「集客」についての考え方を端的に表す事例としてお伝えしましたが、実は「価格」についても同じことが言えます。

価格も、評価の土俵が変われば値段が変わる、流動的なものなのです。

どの土俵（業界やカテゴリー）で評価されたほうが価格の価値が上がるのか、あなたは知恵を絞ってアイデアをひねり出す必要があります。

業界やカテゴリーを変えると値段が変わる事例として、「シャワーヘッド」のお話をしましょう。

みなさんもよくご存じの、お風呂のシャワーに付いている「シャワーヘッド」ですが、

土俵を変えると価値が変わる

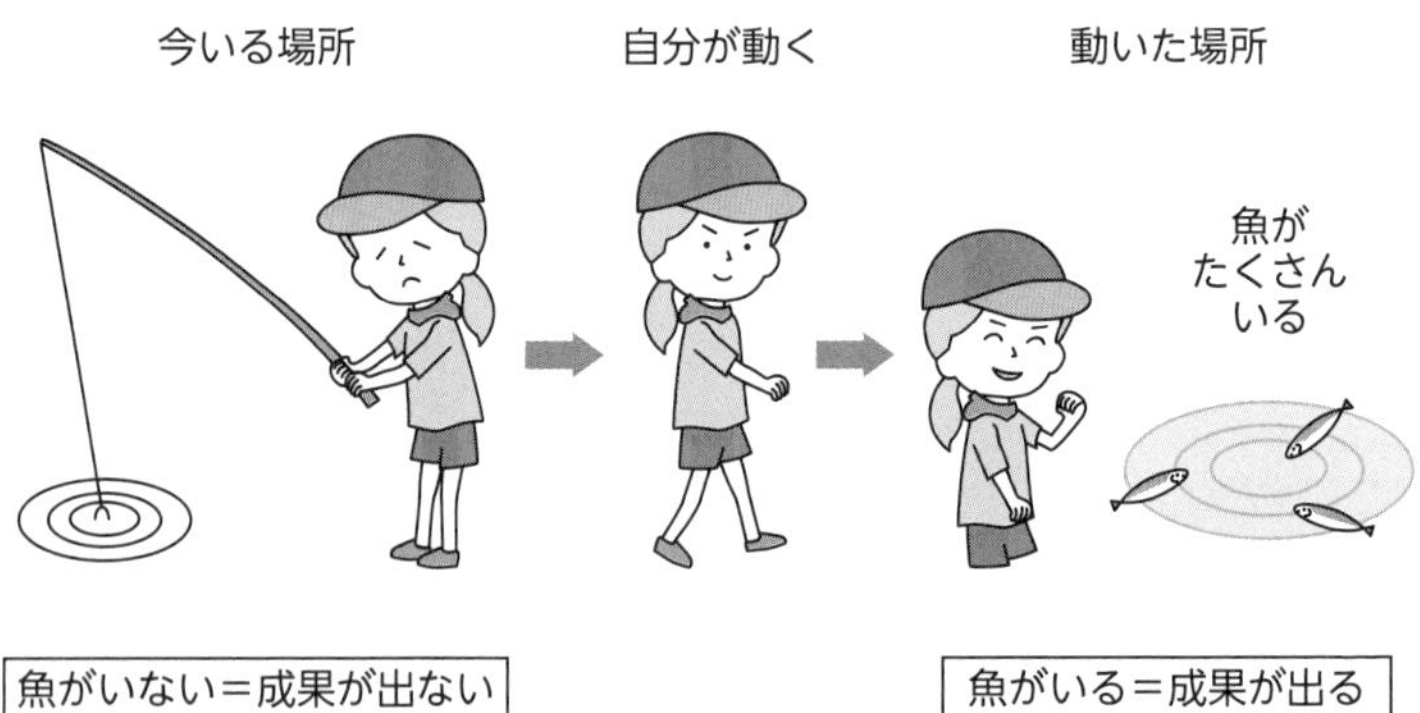

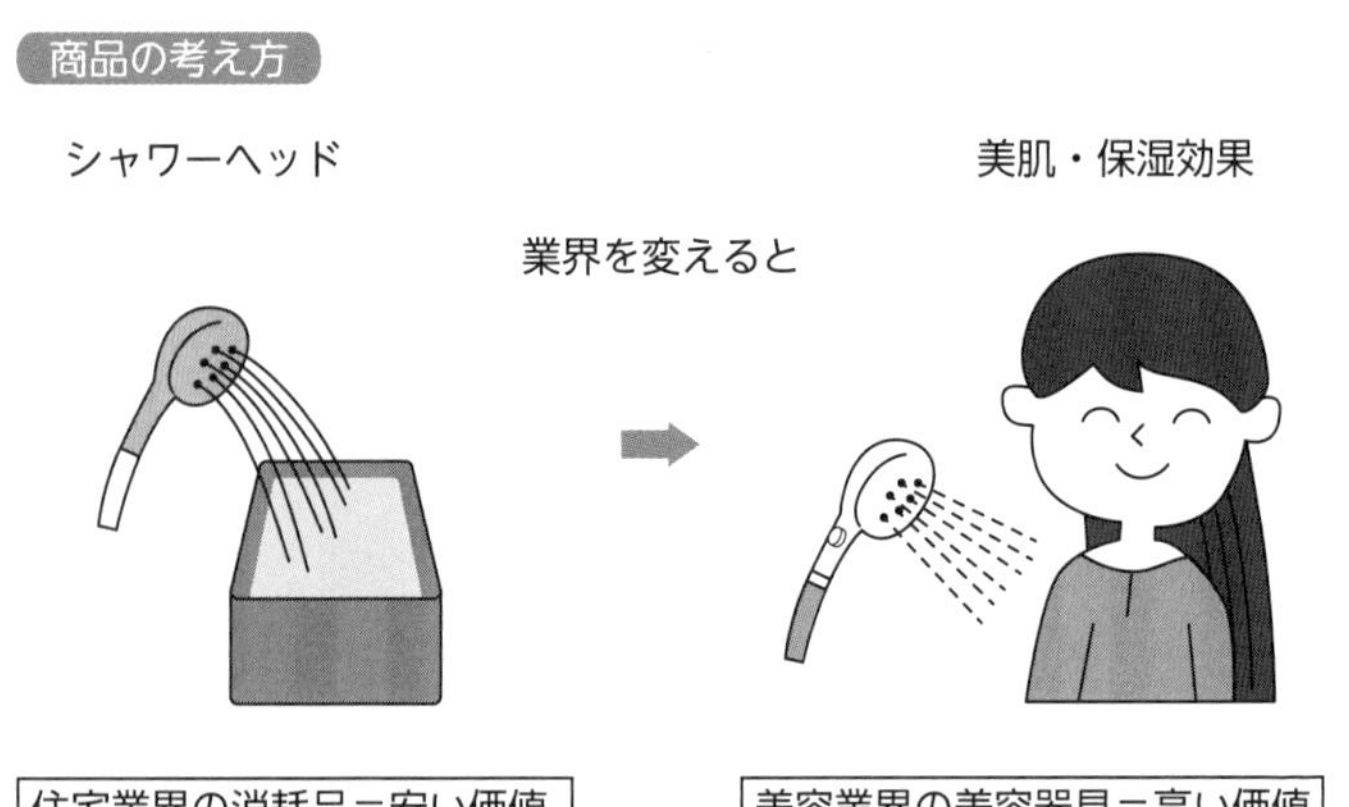

機能としては「シャワーの先端に取り付けて水を分散噴射する」ものです。

基本的な機能のシャワーヘッドなら、つまりお風呂周りの水栓器具の消耗部品としてならば数千円レベルでも購入できます。

ところが、この「シャワーヘッド」に新たな機能を持たせると、1万円から5万円近くまで価格が跳ね上がります。

例えば、美肌・保湿効果・節水・塩素除去・マッサージ機能を持ったものがあります。

美容業界の領域に入ると、その性能に対して「価値を感じる人」が支払うので、単なる水栓器具の「消耗品」から「美容器具」へカテゴリーが変わります。そして価格が大幅に変わるという事例です。

美容業界などは、女性の美に対する購買意欲をそそる商品が多いので、価格が高額になってもヒット商品が生まれやすいのです。

あなたの商品は「他の場所で売れないか」考えてみる

私はたまたま社会人として業界違いの経験を持っていたため、起業当初から1つの業界の価値観に縛られずに、商品の設計をすることができたのはラッキーでした。

つまり、パン教室を開業するにしても業界の価格相場がわかっていたので、パン・「料理業界」という目線で見てしまうと、どうしても高値を付けることができないことを知っていたのです。

ですから「単にパンづくりを教える」ということだけではなく、「プレゼント用にパンをつくる」という価値観でパンづくりを教える教室にすることで、通常よりも高価格での予約をいただいていました。

しかし、他の業界のことや、価値観を新たに創造することを知らない人は、同じ業界の価値観だけで価格を決める術しか持っていません。そのために「安値」でしか値段を付けられないことも多いのです。

さらには、同業他社の目線もあります。妬みや嫌味を言われることにご本人のマインドが耐えられない場合は、同業他社に批判されるような価格を付けるのは難しいようです。

業界価値基準が変わると価格の相場が変わる

パン教室の業界だけで価格を決めようとすると、業界常識レベルでしか値付けができません。しかし、同じ商品でも業界を変えたらどうでしょう？

価値観が違う人たちには、高価でも難なく受け入れてもらえるかもしれません。

私は開業当初から毎年1つずつ新規事業を立ち上げて、5年で5つの事業を始めてみました。その過程では、もちろんいろいろなチャレンジをしています。

新規でやることは前例がないので、逆に縛りもなく、いろいろな視点から試すことができたのです。

集客も、すぐにうまくいくものもあれば、いかないものもありました。

ただ、1つわかったのは「業界常識の値段が正しいとは限らない」ということでした。むしろ逆に、業界外の視点を取り入れて、自分が「売り場を変える」ことで、同じ商品でも高付加価値で評価される場所もあるのです。

Lesson 04

これで価格が変わるかどうか、試してみるのもよいと思います。

「価格」とは、一見すると絶対的で動きもなく、値上げなんて簡単にできないものと思ってしまう人は多いのですが、実は曖昧で流動的なものであるのです。

③値上げは「相性のよいお客様」と出会える！価値観重視の値付けのススメ

「値上げは怖いです。お客様がいなくなるかもしれないから」

私が、値上げのアドバイスをすると9割の人に言われる言葉です。

もちろん、私も最初から値上げが怖くなかったわけではありません。

しかし、必要な時期に必要に応じて、何度も価格改定を繰り返すごとに、ある1つのことに気付けるようになりました。

それは、「価格を上げるほど、理想のお客様と出会える」ということでした。

自分のステージアップに合わせて価格もステージアップする

教室業の先生を見ていると、ご自身のスキルは業界歴15年とか20年とか、かなりのものであるにもかかわらず、あまり価格改定をしていない人がとても多いのです。

例えば10年前が1レッスン3500円で、現在でも1レッスン4500円といった具合です。それでも価格を上げている人はマシなほうで、人によってはそのまま3500円で続けているという人もいます。

世の中の物価上昇はもちろん、サービス提供のための自身のスキルは十分に上がっているのに、目立った値上げをしていないのです。

価格を上げられない大きな要因は、先ほどの「顧客離れの恐怖」です。

価格を上げると人が来なくなる。それならこのままでいい、と考える人が多いのです。

しかし、教室業というのは、スキルアップレベルで考えるなら、ある一定のスキルを身に付けた生徒さんは卒業して、次の段階に進むのはごく自然の流れです。

Lesson 04

にもかかわらず、中には20年同じ教室に通い続けている生徒さんもいるという教室もあります。スキル以外の魅力がその先生にあるからに違いありません。「顧客離れ」を心配する必要はないと、私は思うのですが……。

「楽しみ」や「趣味」の領域なら、採算度外視で赤字になっても、昔からの価格で続けるのもよいでしょう。

しかし、しっかり採算を取りたい、黒字化したいのなら、しかるべきタイミングで値上げはするべきです。

基本的には、ご自身のスキルアップに合わせて価格を上げていくのが、ごく自然の流れだと思います。

値上げが自然に見える「グラデーション価格戦略」

価格の改定を提案すると、前述のように「お客様がいなくなる!」という不安で値上げできない人が多いのですが、必ずしも一気に値上げをする必要はないと思います。

例えば、昔からの顧客には「一定期間、価格据え置き」とし、新規顧客は「値上げした新価格」で集客をすればよいのです。

新規のお客様の集客がうまくいって収益の黒字化が見えてきた時点で、既存顧客の値上げをする。そうすれば一定数のお客様が離れたとしても、経営にはそこまでの大きなダメージはありません。

また既存顧客のほうも、新規の生徒さんが高い金額を払っているのに自分たちは優遇されているという感覚があるので、少し優越感やVIP感を覚えることでしょう。

価格構成をはっきりした境界で変更するのではなく、グラデーションのように、じんわりと緩やかに変更していくのは、女性の経営者に向いている方法です。

既存顧客の値上げは、あなたがしたいならすればよいし、したくないなら据え置きでも構いません。

ただ、それでも私があえてお伝えしたいのは、スキルアップやステージアップに合わせた価格変更によって「あなたもお客様も幸せになれる」ということです。

Lesson 04

値上げをすると理想のお客様に会えるワケ

価格が上がると、その価値をわかる人が、その商品とサービスを購入します。

特に、私はコンサル業という領域なので、価格を上げれば当然「しっかり頑張りたい人」が集まってきます。

安い価格で申し込みをした人は、軽い気持ちで取り組む場合が多いので、こちらが一生懸命教えるとかえって負担に思うケースもあります。

これは、どちらが悪いということではなく、単に相性の問題です。

サービスを提供する側にしても、「期待されるのが辛い」と感じる人であれば、気軽な金額をいただくほうがかえって気が楽でしょう。

高い価格を付けると、その価格に応じた覚悟をお客様は持つものです。

するとこちらも、成果を出していただくためにさらに熱を入れた指導をすることになります。結果としてお互いにハッピーになれるのです。

これはサービス業だけではなく、物販でも一緒です。

ある程度決まった価格があるものは、確かに売りにくいと思います。買い物を「エンタメ体験」としてとらえない人だと、スペックと価格重視で、ネット通販でサクッと買うほうを選ぶでしょう。

しかし最近では「買い物という体験を楽しむ」傾向のある人もかなりいます。

商品の価格が一緒なら、気に入ったあの人のお店でとか、場合によっては、少し高くても好きなあの人のお勧め商品を購入する、などということは日常茶飯事です。

「値上げをする」ということは、あなた自身のステージもアップさせることになります。するど今まで出会えなかったようなタイプの人、あなた自身または商品の価値を認めて、理解してくれる理想のお客様が現れます。

新しい扉を開くのに、必要なのは「自分が変わる勇気」です。

・顧客離れが怖くて値上げができないのも「感情価格」
・勇気を持って値上げをするのも「感情価格」

どちらの感情価格を選ぶのも、あなたの自由です。

ですが、事業やあなたの成長に合わせて価格を上げることは、あなたが理想するとお客様と出会える確率を上げてくれます。

だからこそ、私としては、タイミングに合わせた定期的な見直しをお勧めしたいと思っているのです。

④「ワクワク」する感情があると購買意欲が加速する

お客様が商品やサービスを購入する動機は千差万別です。

機能・性能・価格だけを重視して商品を買う人もいるでしょうし、「ワクワク」する体験がしたいから商品を買ってしまう人もいます。

そして、最近の傾向として特に、この「ワクワク」と商品が紐付いているほうが、高価格なのに喜んで商品を買ってもらえるのです。

特に女性の場合、顕著にその傾向が現れます。

クラウドファンディングは「応援」と「ワクワク」!?

最近流行りのクラウドファンディングですが、私の著者仲間もよく活用しています。

新刊本を応援購入してくださった人に、さまざまな「リターン」を付けてお祭り状態での販売を行っています。

内容を見ていると、当たり前ですが「本の価格」以上の、楽しくて面白い特典が購入冊数に応じて用意されています。

オーソドックスなところだと、憧れの著者とランチやディナーを共にできる特典などもありますし、購入者が主催者になれるセミナー開催権などもあります。

このクラウドファンディングも、まさに「単に本を買うだけではない、ワクワクする体験もセット」で読者に購入してもらうためのものです。

著者からすると、「本の価格」レベルでサービスを付加すると、その分が赤字になるケースがほとんどです。

それでも、このようなイベントを開催することで認知度が上がる、または、もともとのご自身のファンへのサービスにもなっています。

「本」だけでも価値あるものではありますが、それに加えて「楽しい体験」がセットになると購買意欲が増します。

人気アイドルのＣＤに「握手券」や「投票権」が付いていて、１人で１００枚単位の購入をしたという話を聞いたことはありませんか？

これも、そのアイドルを「応援したい」ファンが「ワクワクする体験」とセットで商品を買っているということです。

商品に価値があることは前提になりますが、その商品の価値、価格も実はお客様が決めています。

「楽しい」「ワクワク」という感情に、「価値＝価格」が付いているのです。

「感情が先、価格は後付け」なのです。

商品・サービスの価格に、買い手の特別な思い入れや「ワクワク」する感情が入ってくると、それだけで購買意欲に加速が付いて、値段も上がります。

あなたのお客様をワクワクさせていますか？

私は、よくクライアントさんのＬＰ（申し込みページ）の添削をすることが多いのですが、このＬＰの出来不出来はそのまま購買に直結します。

ＬＰを添削していて、今ひとつ残念なページを見ると、思わず口をついて出てしまう言葉があります。

「なんだかワクワクしないなぁ」という言葉なのです。

この「ワクワク」は、商品購入動機において、とても重要な位置を占める感情です。

特に女性向けの商品・サービスを扱うなら「ワクワク」はとても大事です。

ＬＰを見て、できればお問い合わせや疑問もなしに「読んだ・欲しい・ポチッと申し込み」という勢いのある流れになればいいですよね。

では､どうすればそのような「ワクワク」するＬＰをつくることができるのでしょうか？

ここで重要になるのが、レッスン3でお伝えした「感情を動かすストーリー」なのです。

まず前提として「価値Ⅳ価格」という図式をもう一度思い出してください。

価格よりも価値が高いと思ってもらえると、購買のハードルはぐっと下がります。

では、価格よりも価値が伝わりやすい伝え方とは、どのように組み立てたらよいのでしょうか?

初心者でも取り組みやすい「新・PASONAの法則」

「具体的な価値と価格の伝え方」についてお話ししたいと思います。

私が起業当初から、とてもよく活用させていただいた「PASONAの法則」という文章の書き方があります。

マーケティング(売れる仕組みづくり)を勉強したことがある人なら、一度は聞いたことがあるかもしれません。

この法則は、経営コンサルタントで日本を代表するマーケターでもある神田昌典氏が提唱する「人の行動を促すためのセールスコピー文章の型」です。

「PASONA」とは6つの単語の頭文字から取られており、これらの単語の並びがそのまま「PASONAの法則」におけるメッセージの順序を示しています。

なお、「新・PASONAの法則」は従来型の単語を時代に合わせて改変したものであり、本書はこちらで解説していきます。

①【Problem：問題】
ユーザーが抱えている悩みや欲求を提起

②【Affinity：親近感】
問題の中身を掘り下げつつユーザーに共感し、親近感を誘う

③【Solution：解決策】
問題を解決できる具体的方法を提示する

④【Offer：提案】
解決策を導入してもらうための提案をする（無料お試しなど）

⑤【Narrowing Down：絞込】
限定期間を絞り込み、今すぐ購買すべき理由を示す

⑥【Action：行動】
行動してもらうように呼びかける

新PASONAの法則

P	Problem
A	Affinity
S	Solution
O	Offer
N	Narrowing Down
A	Action

Problem	Affinity	Solution	Offer	Narrowing Down	Action
問題提起	親切感 共感	解決策 の提示	提案	限定性 緊急性	行動
悩みや要求を提起		解決策を提示		限定、緊急性で購入を誘う	

問題を掘り下げ共感や親近感を得る → 提案 → 行動を促す

私のLP（申し込みページ）もクライアントさんのLPも、アレンジは加えていますがほとんどこの形式で書いています。そして、ものすごく効果の高い文章術です。

起業してから10年以上、この法則で書いたLPで私が契約した金額は、軽く3億円以上になります。

このPASONAの法則のポイントは、前半の「P・A・S」です。

この3つでお客様が商品を「買いたくなるような気持ちの根本」をしっかり理解していただきます。

そして、その後の「O」で価格提示をしていきます。

したがって「価値」を伝えるのが先で、「価格」のほうは後付けになるというわけです。

ワクワクの高揚感が設定した価格のハードルを越える

「人は感情でモノを買う」という言葉を聞いたことがある人もいるかもしれません。感情が「欲しい！」のほうに振り切れると、逆に、予算設定していたものの枠を外して「欲しい感情」に振り切れるのはよくある話です。

特に一生に一度の買い物（家など）では、予算オーバーするケースも多々あります。

ワクワクがないと、脳はとても冷静で、シビアにかつロジカルに「価格」を判断します。ですから、先にお客様の気持ちが上がる要素をきちんと解説していく必要があるのです。

特に高額な商品になればなるほど、人は冷静に判断します。それでも感情の上がり方次第で、その冷静な気持ちを超えて購入を決めることもよくあります。

ただし誤解しないでいただきたいのは、「騙すように煽って売れ」ということでは決してないということ。あくまで、お客様の気持ちに寄り添ってお伝えしていくという姿勢が必要不可欠なのです。

お客様の「ワクワクする感情」を丁寧に説明することで、同じ商品でも価値は大きく上乗せされていきます。

「感情価格」はプラスにもマナナスにも作用するものです。しかし、ワクワクは間違いなく「プラス方向のあと押し」に使える、価格付けの強力無比な要素です。

上手に活用できる技を身に付けていきましょう。

⑤購入決定価格は、その人の「価値観」「タイミング」「状況」で変わる

「このセミナー行きたいなぁ」

これは、行きたくても行けなかったセミナーの日程を見たときの、「過去の私のつぶやき」です。もちろん現在進行形で、こんな感じにつぶやく人もいると思います。

・今は子供の受験を控えているから、出費を抑えなくちゃいけない

・ものすごく興味があるけれど、会社員だから平日のセミナーは難しい

・自分のスキルアップに必要なことはわかっているけれど、今はお金がない

何か欲しいものがあるときに、障害になるのはたいてい「お金」か「時間」です。あなた自身も諦めたことがあると思いますし、お客様にもそのような断り文句を言われたこともあるでしょう。もちろん、私も残念ながら諦めた経験もあります。

しかし、その認識はある側面では正しいし、ある側面では誤解でもあるのです。

商品・サービスの値付けは感情に左右される

みなさんが値付けに迷う主な理由は、「全く売れないと困るから、なるべく買ってもらえる価格にしたい」ということだと思います。そのために、感覚的に「安くしておけば売れるだろう」という安易な値付けに走ってしまうのです。

確かに、誰が見ても100万円くらいの価値があるモノが、たった1万円だったとしたらそれは売れる可能性はかなり高いでしょう。

必ず売れるとは言い切れない理由は、いらない人にとっては100万のモノが1万円でも買わないからです。または、あまりにも安すぎると怪しいと警戒されることもあります。

しかし、それではみなさんの商売が成り立ちません。利益があってこその商売継続です。

特に女性起業家、教室業の先生など、利益計算が苦手な人は「買ってもらえる、売れる価格」にまでどんどん値段を下げてしまう傾向があります。

私がご相談を受けているケースでは、ご自身のサービスに自信がなく、売れないと真っ先に「価格を下げる」検討をする人も多いのです。

これも一種の「売り手側の感情価格」です。

ここは、ぜひ改善してほしいと思う部分です。そのためにも、お客様の購買意欲は「感情価格で左右される」ということを、まずは知っていただきたいのです。

つまり、売れない要因は「必ずしも価格ではない」ということ。

主な要因は、以下の3つです。

- 価値観
- タイミング
- 状況

この3つの環境を把握した上で価格を決めると、自信を持った値付けができるようになると思います。

サービス内容は変えずに10倍売れた理由

私はクライアントさんの状況に応じて、どうしてもという必要性がある場合には「集客募集文章」を代理で書く場合もあります。

その状況とは、サービスの内容はすごくいいのに、「集客募集文章」のご本人の伝え方、あるいは伝える順番がよくないために「売れなさそうな文章」になっているケースです。

または、実際に販売してみて「売れなかった」結果を見て、「値下げして再販」しようとしているときに、その文章を私が手直しすることもあります。

商品・サービスが、私の目から見ても「その価格でOK」と判断できるものについては、「伝え方＝感情への訴求の仕方」を変えるだけで売れる場合もあります。

実際にあったエピソードをご紹介します。

私のクライアントさんが募集記事を書いたところ、申し込みがゼロだったことを踏まえてコンサルティングを行ったときのことです。

私の見立てでは、その人のファンの人数などを考慮した場合、10人で満席だとして、最低でもおそらく3人は申し込みがあるサービスの内容でした。

ところが申し込みはゼロでした。それを踏まえて、そのクライアントさんは「やはり高いから売れなかったんだ」と結論付けて「値下げ」を相談してきたのです。

そのときの私の答えは、もちろん「NO」でした。

なぜなら、値下げする前にまだまだやってみるべきことが多いと感じたからです。

まず、募集告知文章を確認しました。

これが、あまりよくない……。全然魅力が伝わっていない、と感じました。

そのときは募集を急いでいたので、私がクライアントさんの見本になるような文章を書くことにしました。

お客様の人間像、そのサービスを買うとしたらどんな理由で買うのか、今どうしても買わなくてはいけない理由付けができそうかどうかなどをヒアリングして、私が文章をつくりました。

そしてもう一度、クライアントさんに告知していただいたのです。

――結果、10人のお申し込みがありました。

サービスの内容は変えていません。金額も内容も全く一緒です。

では、何が起こったのか。

要因の1つは「必要な人に、必要と思ってもらえるように、感情が動くように文章を書いたこと」です。

感情が動けば、同じ内容、同じ金額の商品でも購入されるのです。

つまり、「価格が高いから申し込みが入らない」のではなく、「価格に対しての価値が伝わっていないから申し込みが入らない」のです。

この視点を見誤ると、むやみに値下げして、ブランド価値も下げて、その挙げ句、申し込みまで入らないという残念スパイラルに陥ってしまいます。

感情価格のポイントは「価値観・タイミング・状況」

感情価格の値付けは「あなたが欲しい金額」からスタートさせます。

そのためにも、その商品の価値を伝える相手の価値観を理解しなければなりません。

100万円の商品の価値を伝えたいなら、100万円のモノを喜んで購入するタイプの人の価値観。1万円の商品の価値を伝えたいなら、1万円のモノを喜んで購入するタイプの人の価値観です。

よく、ペルソナを設定するということで、「人物像」にフォーカスしますが、私のイメージだと少しだけ違っています。

もちろん、年齢・性別といった「人物像」は設定するのですが、その上で「ライフスタイル」「人生観」「価値観」を、さらに深掘りして設定するのです。

以下、実例を紹介します。

例えば、「ライフスタイル・価値観」の区分けで、建築写真が好きな人を例に取ってみましょう。

美しい建築が好き、古きよき時代のアーティスティックな建物写真をモノクロフィルムで撮るのが好き、オールドクラシックのカメラが好き、という価値観のある人なら、20代でも30代でも50代でも、「価値観」軸のカテゴリー的には同一になります。

機能面で言うと、もしかしたら身長や年齢に合わせたカメラの提案が必要になるかもしれませんが、必ずしも年齢や性別だけでペルソナ設定をするわけではないのです。

そして、実は、この事例の写真好きとは私のことです。

実際に私は建築写真をモノクロで撮りたくて、スクエアフォーマット（四角い写真）の二眼レフカメラ、ローライフレックスで写真を撮っていました。

カメラも一時期、いろいろな種類のカメラを20台以上保有していて、その中でもローライは3台持っていたので、それだけでも80万円近くのカメラ購入代になっています。

その他のカメラを合わせると総額２００万円以上使っていたと思います。ＯＬ時代の数年のボーナスが、ほとんどカメラ購入と写真プリントに消えていたぐらいお金を注ぎ込んでいました。

デジタルカメラに価値を感じる人なら「なんでそんな古くて機能が劣るカメラに、そんなお金を払うの?」と言われるかもしれません。でも、私の価値観とその人の価値観は違うので、価格の比較の土俵も変わります。

そんな当時の私に対して、「希少価値。世界に1台。今しか手に入らないデザインが美しいローライが入荷しました!」とでも言われたら、価格にもよりますが、かなり心が揺れると思います。


つまり、価値に対する価格を「最大限に」伝えたいと思うなら、「価値観」「タイミング」「状況」は外せない項目になります。

そして、こちらがそれらの項目を買い手の心にピンポイントで届くように表現することができれば「価値」が正しく伝わり、「価格」の下落防止にも貢献できます。

「価格」はそれ自体が単体として動いているわけではなく、周辺状況、条件、環境などとセットで判断されるのです。

さらに、その判断を下す大きな要因は「感情」に起因していることを理解すると、実は「値決めなんて本当はそんなに迷わなくてもいいんだ」ということが実感できるようになるはずです。

感情価格の決定を邪魔する「売る人のマインドブロック」解除法

Emotion price 05

LESSON 5

Mind Block Releace

①値上げをすると「顧客が離れる」恐怖から脱却する思考法

レッスン4までは、主に「感情価格」の概念についてお伝えしてきました。ここからは、いよいよ本書の「メインテーマ」である「価格のマインドブロック」の解除について解説していきます。

女性起業家が、値付けができない最大の原因は「マインド」です。

このレッスン5では、そのマインド変換についてお伝えしたいと思います。

「値上げをすると既存顧客が離れる」

これは、何度か本書でお伝えしているお話ですが、これが怖くて値上げができず、赤字スレスレの状態で何年もズルズルと事業を続けている女性事業家はとても多いのです。

しかし、結論から言うと「必ずしも顧客が離れるとは限らない」のです。

まずどうやって値上げするかですが、すでに紹介したとおり、既存顧客は据え置き、新規顧客だけを新価格で募集するという方法もあります。

新規の人は「新価格」でサービスの価値を測るので、高いと思えば単純に買いませんし、お買い得だと思えば購入されます。

それを「全員値上げしなくてはいけない」と、勝手に勘違いしている人も少なからずいます。既存と新規を分離して扱うだけなら、そこまでハードルの高い話ではないと思います。

次に、難易度の高い、既存顧客も新規顧客も同時に値上げをするケースです。

こちらについては、さすがに既存顧客の中には離れていく人もいるでしょう。

とはいえ、商品だけではなく「あなた自身そのもの」に顧客が魅力を感じている場合には、必ずしも離れるものでもありません。

私自身も、パン教室のときもコンサルタントとして活動しているときも、定期的に値上げをしていました。もちろん、前述のように「離れる人」も一定数いました。

しかし、旧価格よりもお高い新価格で来てくださる人が増えれば、その分で利益を確保できます。それでよいのです。

つまり、「高単価少人数」の利益が「低単価多人数」の利益を上回ればよい。

そのための商品構成の検討と、販売人数の検討はしますが、売れる見込みをしっかりつくるには、「モニター販売」などで市場の反応を試す必要があります。

そして、売れるならGO、売れないなら撤退します。

値上げを繰り返して理想のお客様と出会う!?

このように、何度か値上げを繰り返していくと不思議なことに、より自分が理想とするお客様と出会える確率が増えていきます。

価格改定を繰り返すほどに「お客様に感謝され、喜ばれて商品を買ってもらって、私も楽しい」のですから、事業運営は楽しくて仕方ありません。

だから結果として私がお伝えできることは、「自分がやりたいようにやる」のが一番だということです。


「安い金額でないと人は来ない」と決め付けているのは、独りよがりの概念です。

それよりも、価格に見合う価値提供の工夫のために思考を使うのがベターなのです。

それに、離れていった人は、その人自身の価値観に合うサービスをどこかで探すはずですから、気にする必要はありません。そしてあなたのところに新しく来る人は、あなたを気に入って申し込むわけですから、そこに全力を注げばよいのです。

そうやって、血液が循環するように、お客様も循環させるほうが健全です。

このときに必要なマインドは「既存のお客様に執着しない」マインドです。既存のお客様を大切に扱うことと、執着することは別物なのです。

値上げをすると顧客が離れると思って価格改定ができない人は、一度、勇気を持って価格改定をしてみてください。もちろんそのための準備は怠りなく。

すると、今まで出会えなかった人たちと出会うことができ、自分にとっても「ワクワクする新しい世界の扉」が開くことを実感できると思います。

②自分の商品価値に自信がないときにやるとよい最初のステップ

お客様が新商品を企画するときに、よくご相談される内容が「売れるかどうかわからないから不安です」というものです。

――いかがですか？

あなたもこんな不安を持ったことはありませんか？

では、ズバリ解決策です。

【売ってみてから考える】

この処方箋は、実際に私がクライアントさんにお伝えしている内容ですが、人によっては、驚かれるかもしれませんね。「売れるかどうか不安」と聞いているのに、「売ってみてから」って……。

でもこれが、実は一番シンプルでわかりやすい答えなのです。

つまり「売れるなら売ればいい」し、「売れないなら撤退すればいい」だけなのです。

不安を抱えてグルグルと同じ思考を巡らすくらいなら、「売ってみてから考えたほうが早い」ということ。「売れなかった。でも、この商品はきっと売れる」とあなたが確信するならば、あの手この手といろいろな販売戦略を考えて試してみればいいのです。

逆に、ラッキーにもうまく売れてしまったならば自信にもなるでしょうし、購入してくださったお客様に直接「購入の決め手になった理由」を聞くことができます。

そしてそれが、今後販売するときに似たようなお客様を引き寄せるヒントにもなります。

つまり、何をするにも「売らないとわからない」のです。

もちろん、価格が適正かどうかも同様です。自分が付けたい希望価格で売れるかもしれないならラッキーですよね。試す価値ありです。

私は価格に対しての感情的な処理は、それくらいライトでよいと思っているのです。

商品を売ってから商品をつくる!?

私の商品づくりはスピード重視です。

というのは、5〜6割ぐらいの完成度で市場に出すということ。そして、「売れてから」正式に商品を再構築していきます。

ですから、当然最初はお試し価格のモニターで募集をします。

価格も安くしますが、こちらもいろいろと試行錯誤でチャレンジする部分もあるので、「一緒に商品をつくってくださる方」をモニターとして選びます。


通常、集客に失敗しがちな人がよくやるのは、完璧に商品をつくり込んでから売り込むというやり方です。

このやり方だと、もしも売れなかったとき、すでにつくり込んでいた分、ダメージが大きいのです。

「売れる」とわかってから「商品・サービスをつくり込む」と、ダメージは最小限でかつとても速いスピードで前に進めます。


これは、価格が妥当かどうかを調査する上でも、とても大事なセオリーです。

「売れるかどうか不安」を感じているくらいなら、「売ってしまってから対策を考える」ほうが、よほど建設的なのです。

【自信がないならむしろ売ってみる】

そうすればスピード感を持って動けて、かつ現場に即した答えが出るので、いざというときの商品の改良もしやすくなります。

新商品・新サービスに自信がない人にこそお勧めしたい、最初のステップです。

③「安く売ること」でお客様の喜びと信頼を得るという勘違い

「価格決定」には、その人が過ごしてきた人生や価値観が色濃く反映されるものです。

いつでも1円でも安いものを、と一生懸命探して購入してきた人は、ご自身が商品・サービスを提供するときにも1円でも安くしないと選ばれないという思考に縛られてしまいます。

以前、夕方のTV番組で「節約主婦」の節約法を拝見しました。

朝、スーパーのチラシを見て、サンマを買うのに10円でも安く買うために、3キロ以上離れたスーパーに自転車で往復30分以上かけて買いにいくという話でした。

もちろん、それはその人の価値観なので、それもよいと思います。

では私はどう考えるかというと、「時間」のほうが大事なので、たとえ100円高くとも徒歩1分のスーパーでサンマを買います。

これは、どちらが正しいということではなく、単に「価値観が違う」というだけの話なのです。

500円の値上げを高いと思う人と、それほどでもないよね、と感じる人が世の中にいます。それは、その人が過ごしてきた生活環境と価値観で見え方が変わるからです。

どちらの人と付き合いたいかということも、もちろんあなた自身で決めることができます。

「安さ」という土俵だけで勝負しようとすると、いずれ企業体力が持たずに疲弊して、結局撤退してしまうケースがとても多い。そして、それはとても残念なことです。

【安いと感じる価格の上限は、その人の価値観（感情）が決めている】

「安さ」で勝負したくないなら、まずは自分の価値観を変えたほうが早道なのです。

自分が高いと感じてしまうものは「売れない」

値上げをしたいなら、自分が「高い」と感じる価値観やマインドブロックを、まず外さないと売れません。

極端な話、最初は「言い切ってみる」でもよいのです。この商品は「高くない。それだけの価値がある」と自信を持って言い切れるかどうか。

そこにお客様は信頼を預けるのです。

とはいえ、言い切ったからには、当然そのサービスの提供には責任を持つ必要があります。つまり、もしも自信がないのなら、安い値段しか付けられなくても仕方ありません。

しかし、あなたが感じる「安い値段」と、他人が感じる「安い値段」は、価値観が違えば基準が変わります。あなたのお客様が「安い」と感じてくれるなら、それでいいのです。だからあなたは自分のマインドステージを、お客様と同等レベルか、それ以上にアップする必要があります。

自分一人では値付けが難しい場合には、やはり公平な第三者の目、コンサルタントなどのアドバイスを受けるのもよいでしょう。客観的な目で見て「適正価格」を提示されて、あなたがそれに違和感を抱かずに売ることができるなら、その商品は売れます。

価格は自分の感情で簡単に変動できるもの

一般的に見ても、私の営業経験年数は長いほうだと思います。

会社員として22年間、法人営業、個人営業、ルート営業、新規開拓、飛び込み営業など、あらゆるスタイルで営業をしてきました。

その後の、個人事業主でのパン教室やコンサルタントとしての事業を合わせると10年以上になるので、30年以上も営業系の仕事をしてきたことになります。

その中で、何度も自分の「価格に対するマインドブロック」を塗り替える出来事を経験してきましたし、私のクライアントさんにもそのマインドを伝えることで売り上げに貢献してきました。

そこで、私の経験の中から重要なポイントを2つお伝えしたいと思います。

・自分が高いと感じない商品は自信を持って売れる
・有識者が決める「自分の価値への評価」は素直に受け取る

この2つのポイントに関するエピソードをお伝えしましょう。

相見積もりのプレゼンテーションで仕事が取れた理由

まず1つ目のエピソード、ブライダルの宴会場の総合デザインプロデュースの仕事を取ったときのことです。

私の所属していた会社は、テーブルクロスのレンタルをしている会社でした。メインの仕事は「クロスレンタルの年間受注を取る」ことです。規模によって、数百万円レベルなのか数千万円レベルなのか、ホテルや式場のグレードによって変わります。

相見積もりになると、通常は「クロスのレンタル価格」での勝負になります。モノ領域での勝負になるのが普通です。

ただ、幸いなことに私にはインテリアコーディネーターの知識がありました。

そのおかげで、クロスレンタルの価格のみならず、式場のデザインコンセプトと意図を理解した上で、キャンドルや装花も含めた総合デザイン提案の中で、クロスのデザインと価格を提案することができたのです。

すると、私の提案をトータルで理解してくれたホテルや式場は、「価格が多少高くても」私の会社に依頼をしてくれることになりました。

プレゼンテーションのときの私のイメージでは、自分自身「この内容でこの価格は安いよね」と感じた提案だったので、自信もありました。

価格勝負だけで見積もりを持ってくる営業と、コンセプトやデザインまで深掘りし、パートナー企業の売り上げ貢献まで考慮して価格を提案してくる営業。どちらを採用したくなるかは、想像に難くないと思います。

私は、自分の提案は相手と比較しても「高くない」ともちろん自負していました。その気持ちはきちんと相手にも伝わります。そして実際に採用されたのです。

自分が「高くない」、と自信を持って言い切れる領域は、結局、買い手の気持ちをどこまで深掘りして提案できているかに尽きると思います。

高い価格を提案したいなら、それに見合う根拠を自分がしっかり持っていること。そうなれば強いです。

自分が思う価格の2倍の価格にすることをアドバイスされたら?

そして2つ目のエピソード。私のクライアントさんと新講座の価格決めをするときに、ご本人が5000円で値付けをしようとしていたものを、「いや、この講座なら1万円でいけますよ」とお伝えしたというお話です。

もちろんですが、私には過去のデータや根拠の蓄積があります。市場のトレンドやその人のスキルなど、いろいろな要素を総合的に判断して、1万円でもいけると提案したのです。

しかし、そんな私のアドバイスがあっても、ご本人が価格に腹落ちしない限り「高い」と思ってしまうので、結局踏み切れません。

残念ですが、私も最終的な価格決定はご本人にお任せしています。

自分で自分の市場価値を信じることができないと、素直に値付けができないのです。

Lesson 05

コンサルタント＝有識者である私がアドバイスをしても、頑固だったり自信がなかったりする人は、すんなりとは信じてくれないこともあります。

結果、この人はなんとか頑張って7000円でリリースしたところ、超人気であっという間にその講座が売れてしまったのです。

売れたのは確かによかったのですが、購入した人たちのコメントの多くが「こんなに安くていいんですか？　すごくお得でうれしいです！」というものでした。

結局この講座は、その人が2年かけて1万円まで値上げしたのですが、本当は初期のころから1万円でも売れる講座だったと思います。

そのクライアントさんに途中で、「最初から先生の言うとおりにすればよかった」と言われましたが、仕方ありません。

ご自身で自分の価値を下げて販売した2年間の損失は、大きかったと思います。

有識者の公平な目は、あなたの価値を正しく判断してくれる可能性が高いのです。

そういうときは素直に乗っておく図太さがあったほうが、事業は軽やかにうまく回ると思います。

あなたの価値を、公正な判断ができる他人が認めてくれているなら、そこに素直に乗っかっておくのが値付け成功のコツです。

④「高い価格」を脳が喜ぶという不思議

このタイトルを見たあなたは、もしかしたら一瞬「間違いでは？」と思うかもしれませんね。

例えば、ここに価格の違う2つの商品があって、高価な商品と安価な商品の「内容は全く一緒」なのに「脳は高い価格」を喜ぶとしたら、どう思いますか？

この不思議の謎は、内容がよいといった物理的な事情ではなく、買う側の「決断をした気持ち」がそのまま「脳の喜び」になるということなのです。

Lesson 05

脳は感情で騙されるという価格の曖昧さ

ワインの価格と脳が感じる喜びの関係性について、カリフォルニア工科大学の研究者たちが行った面白い実験があります。

例えば1本5ドルのワインを、5ドルではなく45ドルのワインを飲んでいると思い込んでいるときのほうが、人の脳はより大きな快感を得るというものです。

研究者たちは被験者がワインを味見している間、fMRI（MRIのもたらす構造情報の上に、脳の機能活動がどの部位で起きたかを画像化するもの）を使って、ワインをひと口飲むごとに脳の活動をモニタリングしました。

すると、実際には安いワインであっても、高いワインを飲んでいると思っているほうが喜びを感じていると、脳内の反応で実証されたのです。

※カリフォルニア工科大学の心理経済学者たちによる実験

被験者20人が、小売価格でしか区別の付かない5本のカベルネ・ソーヴィニヨンを試飲。被験者はfMRI（機能的磁気共鳴画像）装置の中に入れられ、プラスチックのチューブからワインを飲み、脳がそれぞれのワインにどう反応したかを見た。

5本の値段は5～90ドル。被験者には5本すべて異なるワインと伝えていたが、実際は全部で3種類だった。つまり同じワインを2度飲む場合もありえるわけだが、値段のラベルはすべて異なっていた。

被験者たちは常に「より高いワイン」のほうがおいしいと評価した。彼らは10ドルのワインより90ドルのワインを好み、5ドルの安物より45ドルのカベルネをはるかに高く評価した。

試飲中はさまざまな脳の領域が活性化したが、ワインそのものではなく、ワインの値段に反応したと見られる領域は1つだけだった。その部分は総じて、より「高額なラベルのワイン」を飲んだときほど活動量が増大した。この領域の活動は試飲者の好みに影響を与え、その結果、たとえ実際には同じワインでも、「90ドル」のカベルネは「35ドル」のカベルネよりおいしく感じられたと、研究チームは考えている。

ワインだけではなく、栄養ドリンクでも面白い結果が出ました。高価な栄養ドリンクを購入した人に実際にパズルを解いてもらったところ、安い栄養ドリンクを飲んだ人よりも早く解くことができたそうです。きっと、高価な栄養ドリンクで頭の回転が速くなることを信じた人が多かったのだと思います。

さらに鎮痛実験でも、医学的には有効成分のないプラセボ（見た目や味は薬と同じで薬効成分を含まない偽薬）を被験者に渡して、1回2・5ドルと伝えた人と1回1セントと伝えた人で、痛みの軽減体感が違ったのです。

2・5ドルの人では85％、1セントの人では61％の人が、痛みが軽減したと答えています。ちなみに、どちらもプラセボなので薬効はありません。

ただし、いずれの場合でも、むやみに高いモノであれば同様の結果は得られません。

支払いの痛み以上の「大きな満足感」を得ること、つまり、購入して消費して、さらに満足を得ることで買い物の喜びを感じられる、ということなのです。

無料講座は気軽に受講するから成果が出にくい？

さて、ここで「無料商品」という概念を考えてみましょう。

無料体験という言葉もあるように、無料＝お試し的な要素で使われることが多いでしょう。ですが、お試し商品ということであれば「試したあとに買ってもらいたい商品」を最初から用意した上で商品を提供しなければ、意味がありません。

ところが、自宅教室の先生をはじめとする経営経験が浅い女性起業家は、後ろの商品への導線設計もなく、単に「無料お試し」を乱発して集客しようとします。

しかし、それでは意味がないのです。

さらに、残念なことに、無料だと「ありがたい」と脳が喜ぶ確率が低くなります。

この脳の構造を理解していないと、次のようなギャップが生まれてしまうのです。

・あなたはお客様に喜んでもらえるように利益を圧縮して無料にした
・お客様は無料をそんなに喜ぶこともなく、単純に消費するだけだった

もちろん、すべての事例がそういうわけではありません。

ただ、無料講座や無料商品ばかりをゲットしようとするタイプの人は、そのあとに続く「有料商品」を購入する確率が統計的に低いのです。

ですから、講座の内容が一緒だった場合、無料で学んだ人と、お金を払って（自腹を切る痛みを伴う）しっかり学んだ人とでは知識の吸収率が違うので、成功確率が大きく変わっ

Lesson 05

てきます。

これは私も実際に実験済みで、パン教室でもコンサルティングでも「無料」に飛び付いて申し込むタイプの人は、その後の有料講座の購買確率は低いのです。

たとえ1000円でもいいからお金を支払うと、お客様は「自分の夢にコミットする」ことになるので、しっかりその講座に向き合う姿勢が出てきます。結果本気モードにスイッチが入るものです。

したがって、体験会であっても少しでもいいのでお金をいただくように、私はクライアントさんには伝えています。

さらに言うと、その後の講座も、高い講座ほど「意欲が高く実践能力が高い人」が購入してくれるので、うまくいきやすいのです。

もちろん、価格にはそれ相応の価値が必要です。

しかし、内容がよくても、安くしたがために結果が出ない、または満足度が下がる。であれば、売り手にとっても買い手にとってもあまりよくない状況だと思いませんか?

適正価格を付けることで売り手も買い手も幸せになれる

にわかには信じられないかもしれませんが、人の感情は「無料という商品・サービス」を雑に扱います。極端な話、「どうでもいい」レベルで扱ってしまうのです。たとえ、それが本当に価値のある素晴らしいモノだとしても、無料にするだけで購入時の満足感が下がってしまう側面もあることを覚えておいてください。

その逆だから、ブランド品は基本的に値崩れしないのです。価格を保っていることもブランド品にとっては使命であり、購入者の「感情的なステータス」を満たし続けるためにも値崩れはさせられません。

ブランド品の価格は、商品そのものの原価だけで決まっているわけではなく「所持している人のステータス」も表現しているので、その分高額になっているのです。

【安いことがお客様へのサービスである】

こういう考えを持っている人は、今一度、基本に立ち返って「本当のお客様の喜び」はなんなのかを考えてみてください。

お客様はご自身が欲しい未来のために商品を買います。そして、あなたはお客様の未来にコミットする商品を提供するのです。

値下げをしなくても、無料にしなくても、売れる商品はいくらでもあります。

自分の商品・サービスの価値の創出をすることもなく、安易な値下げに走るのはやめましょう。

値下げや無料商品は、最後の切り札です。

それを毎回当たり前のように使っていると、あなたの価値そのものが著しく低下してしまいます。

値下げ&無料が善ではありません。

値上げ&高額が悪でもありません。

品質も価格も保ち、お客様の満足度も最高の状態にするにはどうしたらよいのか、常日頃から、頭を使って販売価格戦略を考えること。

それが「感謝されながら正当な価格（時には高価格）で商品を購入していただける」こ

とにつながります。

脳には「高いものを買うと喜ぶ」不思議な性質もあるのです。そのことも踏まえて、しっかりした価格提示をできるといいですよね。

それこそまさに「感情価格」の領域です。

脳（ココロ）が喜ぶ価格とはどのような価格なのか。それを考えると、新しい値付けのやり方を発見できるようになると思います。

⑤思い切った値上げをしたい人へのマインドセットのアドバイス

サービスを大きくステップアップさせたいときに、マインドセットを行う必要があります。

例えば平均単価1万円の商品を売っていた人が、平均単価100万円の商品を売ることになるなら、「本当に売れるんだろうか？」という不安な気持ちになることでしょう。

そんなときに、どのようなマインドでチャレンジしたらよいのかを、以下の3つの方法でお伝えしたいと思います。

①自分が似たような種類の同額以上の商品を購入してみる
②購入する人のライフスタイルを体験する
③まずは「売る」という実践をしてみる

順番に解説していきましょう。

①自分が似たような種類の同額以上の商品を購入してみる

自分が実際に同じレベルの商品を購入した経験があるなら、そのときに感じる痛みや心のトキメキを知ることができるので、類似同額商品は販売しやすくなります。

私の過去の事例です。

私はかつて、電子書籍の制作を教えることができるライセンス講座を受講したことがあります。

180万円の講座でした。そのときの私は月商30万程度だったので、かなり覚悟がいる大きな買い物でした。もちろん、ローンを組んでの講座受講でしたが、回収は必ずしよう！と決意した上で受講しました。

結果、さまざまな工夫をした販売で、3年で800万円の売り上げが計上できたので、習得の費用は回収できています。

私はこの経験をしたことによって、講座を販売した成果を手にしただけではなく、これより低額の180万円以下の講座であれば、大した躊躇もなく販売できるようになりました。

私自身がこのレベルの金額に対する痛みと決意と覚悟を経験したので、そのような気持ちも反映させたLP（申し込みページ）を作成して、価格を伝えることができるようになったのです。

20万円でも30万円でも50万円でも、たとえ100万円でも、金額を提示する躊躇がさほどではなくなりました。

自分が購入したことがある金額以下のモノであれば、お客様が購入するときの気持ちや動機、価格に対するブロックも理解できているので、それを考慮したプレゼンテーションができます。

また、住宅で言うと、新築で3500万円のマンションも若かりし頃、フルローンで購入しましたし、築22年になったときに、1500万円かけてそのマンションをフルリノベーションもしています。

だから、家に5000万円レベルのお金をかける人の気持ちや、大規模リノベーションをしたいという人の動機も理解できます。

ですので、私がもしも住宅を販売するなら、マインド的には5000万円レベルの物件は難なく販売できると思います。

さらに上の金額の商品でも、私は営業時代に3億円くらいまでの商品は扱っていたため価格に対する躊躇もあまりないので、今でも1億円くらいの商品は普通に売れると思っています。

そういうマインドがあるので、個人事業レベルで扱う100万円、200万円の商品を扱うことには、そこまでの抵抗がないのです。

結局、価格に対するマインドブロックの1つは、自分が扱ったことがある金額、または自分が実際に購入したことがある経験値で決まります。

１０００円の商品しか購入したことがない人は、１００万円の商品を購入する人の気持ちが想像できない。だから売れないのです。

ご自身のマインドブロックを手っ取り早く解除したいなら、自分が販売したい価格以上の商品を一度購入してみる。すると、スムーズにブロックが解除されると思います。

②購入する人のライフスタイルを体験する

ここまでも何度かお伝えしたように、感情価格の領域では「感情」が購買の決め手になります。

ということは、あなたが販売したいと思っている理想の顧客像（ペルソナ像）のライフスタイルは把握している必要があるし、可能であればトレース（すでにあるものをなぞる）することをお勧めします。

私の過去の事例をお話しします。

【教室コンサルタントになるために、パン教室をつくって運営】

これが、私のサービスを購入してくれる教室の先生の気持ちを理解するために行ったことです。

つまり、購入してくれる人のライフスタイルを理解するために実践したものです。

繰り返しになりますが、私は22年の会社員経験の後、教室集客コンサルタントへの転身を決意します。独立の直前、最後に所属していたのがパンのこね機を販売する会社で、営業部長を務めていました。

その後、独立をする際、自宅教室業の先生をビジネス的に救う、つまり集客のビジネスコンサルタントになることを決意しますが、自分がパン教室業界で実績を出しているわけではありません。

たとえ会社員として22年の経歴があったとしても、自宅教室業歴はゼロなのです。ですから独立直後は、コンサルタントとして信頼していただけないと思いました。

そこで私は、自分でパン教室をつくって運営し、集客的にも3年で全国から生徒さんが訪れて満席続きという教室に育ててから、コンサルタントへ転身しています。

つまり、「教室業の先生のライフスタイル」を「トレース」した上で、集客コンサルタントとしての仕事をスタートさせているのです。

実際にパン教室を運営したことで、朝の仕込みや教室でのレッスン、片付け、ＳＮＳの発信、ＨＰの作成など、やるべきことは山ほどあり、どれだけ先生業が大変なのかを身に染みて感じることができました。

開業初期の教室の先生がどれくらいのお金を学びに使えるか、その後、どのような経緯をたどれば売り上げ１０００万円までの道が最短でつくれるか、すべて自分で体感しているものをお伝えしています。

つまり、机上の空論ではなくナマの実践記録に基づいたノウハウであり、その価値に対してのコンサルティング料金として値付けをしているのです。

みなさんに、「私と同じ年数をかけたトレースをしなさい」とは言いません。

それでも、例えばあなたが設定したペルソナが行きそうなお店、それがファミレスなのか高級ホテルのラウンジなのかで、扱う商品もサービスも変わります。

高級ホテルのラウンジを普通に利用するようなタイプの人へサービスを提供するなら、「最低でもそのグレード感のお茶」などを味わう必要があります。

Lesson 05

感情の動くポイントを疑似体験する必要があるのです。高級ホテルのティータイムはお茶だけでも2000円近くします。たかがお茶ではありません。

そのゆったりした空間と時間を味わう料金も含まれているのです。

あなた自身がステージアップしてお客様にサービスを提供したいと思うなら、その人が普通に感じている心情に共感できることが必要だと思います。

③まずは「売ってみる」という実践をしてみる

そして、実は一番シンプルで手っ取り早いのが、実際に「売ってみる」ということです。

「いや、売れるかどうか不安なのに、売るなんて……」というお言葉はよくいただきます。

それでもあえて私はお伝えしたい。

不安が強ければ強いほど売ってみてしまうほうがよいのです。

理由は、「あなたが損することは何もないから」です。

よく考えていただきたいのですが、まだあなたが世に出していないサービスであれば、実際にあなたの事業の売り上げはゼロです。それが紛れもない事実なのです。

だとすれば、チャレンジしてみるだけでゼロが1になるかもしれないし、100になるかもしれません。不安になって何もやらないくらいなら、やってみて何かしらプラスになればそれでいいと思いませんか？

価格が適正かどうかわからないなら、その答えを持っている人に聞いてみればよいのです。

【お客様に直接聞いてしまう＝実際に販売してみる】

こうすれば、あれこれ考えているよりもはるかに早く成果が出ます。

思い切った値上げをしたいのにできないのなら、売れるかどうかをまず試すべきです。

そのときのポイントは、売れなくても落ち込まないと自分で決めておくこと。

「売れたらラッキー」くらいの気持ちなら、軽くチャレンジできるでしょう。

みなさんがこのチャレンジに躊躇するのは、「売れなかったときに落ち込む自分が嫌だから」です。そう、落ち込むという未来を回避したいからチャレンジしないのです。

だとすれば、そんなに期待しないでおけば、楽にチャレンジできると思いませんか?

私は、最善の未来を想定して、最大の努力と準備をして、最高のチャレンジをしますが、それでも万が一失敗したとしても、特に落ち込むことはありません。

うまくいかなかったという新しい経験を手に入れるので、違うやり方でチャレンジするだけです。みなさんは、1回でうまくいくことを期待しすぎているのではないでしょうか。

1回で成功することにこだわる人が時間をかけて考えている間に、私はおそらく10回くらいはチャレンジして、すでに成功してしまっていることが多いと思います。

それくらい、行動と経験は大事なのです。


値付けもうまく成功させたいなら、最大にして最高に効果が現れる方法は「売ってみること」です。ぜひチャレンジしてみてくださいね。

⑥お金を受け取る恐怖がある人に「幸せなお金」はやってこない

あなたはこんな体験をしたこと、ありませんか?

【自分が苦手と思っている人が近づいてくると、すっと後ずさりして距離を取る】

人にはパーソナルスペース、つまり「個人を取り囲む空間」があります。目に見えない自分の感覚でも、他者に侵入されると不快に感じる空間が存在しているのです。対人距離とも呼ばれ、心理的な縄張りになっています。

ただ、この縄張りの距離感は、相手との関係によって変わります。関係が深ければ距離が近くても大丈夫で、浅ければ距離を置きたくなるのです。

ましてや、「嫌いな人・苦手な人」であればなおのことで、なるべく距離を置きたくなります。

お金を受け取るのを怖がる人の心理とは

「お金を稼ぎたいです!」と言いながら、同時に「お金を受け取るのが怖いです」と、矛盾するようなことを言う人がいます。

これは、女性にはよくあるマインドブロックです。

例えば、あなたの職業がサービス業だったとします。

自分の頭の中では、そのサービスは「2万円くらい」の価値があると思っています。そんなとき、お客様の予算が5000円ぐらいしかなさそうだな、とあなたが思ったとしましょう。

そんなとき、あなたはお客様に2万円という値段をすんなり切り出せますか?

こんなシーンで値段を切り出せない人の頭の中には、このような不安が渦巻いています。

・この人はきっと予算5000円くらいで考えているんだろうな。「そんなに高いの!!」って言われたらどうしよう

・払ってくれそうな金額にしておくほうが少しでも小銭が稼げるから、予算に合いそうな金額にしておこうかな

・「他はもっと安くしてくれたのに、ここはなんでこんなに高いの?」って思われる

・満足してもらえなかったらクレームが来そう

この不安は、どこから生まれているのか?

そう、実はこれは、すべて「あなたの頭の中の独り相撲」なのです。

お金に対して「受け取るのが怖い」と思う人の根底には、「相手に嫌われたくない」という心理が働いています。だから価格を言い出せない、というケースが多いようです。

では、スパッと価格を切り出したときには、どのようなことが起こりえるでしょうか？

・案外あっさり支払ってもらえる↓YES
・高いと言われて、支払ってもらえない↓NO
・価格の値下げを交渉される

大まかには以上の3つです。

つまり、どの反応になるか、あなたがどんなに考えたところで100%はわかりません。

結局、お客様の真意はお客様のみが知る、ということなのです。

だとすると、こちらが思う価格を伝えて、YES／NOを聞いてしまうほうが手っ取り早い。

もちろんNOばかりが続く場合には、さすがに「価値と価格」のバランスを見直したほうがよいかもしれません。しかし、ＹＥＳがもらえるなら、似たような属性の人を集めていけばよいだけなので、一定の手応えを得ることはできます。

パーソナルスペースの概念とお金の概念は一緒!?

さて、先ほどの「パーソナルスペース」のお話にもう一度戻りましょう。

【自分が苦手と思っている人が近づいてくると、すっと後ずさりして距離を取る】

この行動は次の行動と等しい、と言えます。

【お金が苦手と思っている人が近づいてくると、すっとお金が後ずさりして距離を取る】

だからスタートとしては、まず「お金は苦手」「価格を伝えられない」というマインドブロックを外すことです。

前述のように、あなたがどんなに迷おうが、その価格を納得できるかどうかはすべて「相手（お客様）の意思」なのです。あなたの意思でコントロールできません。
あなたにできることは「思った価格を伝える」ことだけです。
すごくシンプルな構造だと思いませんか？

残念なお金の受け取り方から、幸せなお金の受け取り方へ

残念なお金の受け取り方とは、「こんな商品なのに、買ってくださってすみません」というマインドで価格を伝えて、買ってもらうという状況です。

もちろん、さすがに言葉にして伝えることはないと思いますが、気持ちがそうであれば状況は一緒です。

- **こんな金額で買っていただけるなんて申し訳ない**
- **本当はもっと安くしたいのですが、原価ギリギリなのでこの金額で許してください**

そんな気持ちであれば、「残念な気持ち」でお金を受け取っていることになります。
逆に、幸せなお金の受け取り方はこうです。

・買ってくださってありがとうございます！　最高の満足をお届けしますね！
・あなたにとって大切なお金を思いと共にいただきました。その分私も頑張ります！

「本当はもっと高い金額をいただきたいんだけどなぁ……」と思うくらいなら、最初から納得のいく価格を提示して、きちんと対価としていただいて、気持ちよく商品・サービスをお渡ししたほうがよいのです。それがお互いの幸せのためです。


お買い物は、「最高のエンターテインメント」なのです。

金額の大小にかかわらず「対価」と「ワクワクする気持ち」を交換する。つまり、「お金」と「エネルギー」の交換ができることがベストです。


お金には感情がないと思っている人も多いと思います。

しかし私は、お金にはその人の感情も移入されると思っています。幸せにお金を受け取りたい人のところには、「幸せなお金」がやってきます。

ネガティブな思いを乗せたお金は、支払うほうも受け取るほうもハッピーにはなりえないのです。

相手を騙すようにして得たお金では幸せになれないのは、そんな理由からです。

だから私は、商品サービスの対価でいただくお金は、「幸せな気持ちで受け取る」ことが大切だと思っています。

そして、もちろんそのためには相手方（お客様）にも「幸せな、ワクワクする気持ちで支払っていただく」ことが大切です。

感性豊かに生きるための

お金との付き合い方

Emotion price

EPILOGUE

Sensibility

M

money

①お金に向き合う感情を見つめ直し、お金と人生の関係性を再構築する

レッスン1からレッスン5までを読み、このエピローグにたどり着いたあなたは、価格とお金についての概念が今までとはずいぶん変わってきたのではないでしょうか？

最終章のエピローグでは、「感情価格」という観点から、「感情とお金」の関係性をお伝えした上で、値決めができないあなたに「これからのお金との付き合い方」を解説していきたいと思います。

お金に対する考え方は人生の価値観そのもの

私は幼少時代、貧しい家庭環境で育ちました。ですから「お金」というものは「自由」を手に入れる最適なツールであるという認識を、小さいころから持っていました。

私にとっての「お金」の対価は「自由」だったので、それを手に入れるために必要な量

を稼げればそれでいいと思っていたのです。

ですので、私の稼ぎ方は、ただやみくもに天井なく稼げばいいということでもなく、「自由で楽しく」がモットー。

そして、稼いだお金は「いつでもどこでも、会いたい人に会える自分になりたい」という願望をかなえるために使っています。

つまり、「お金は使うために稼ぐ」と決めているのです。

それというのも、自分軸や自分の人生のポリシーに沿った形でお金を扱わないと、こんな残念な事象が起きてしまうからです。

・「お金を稼ぐこと」が目的になってしまい、心は疲弊しているのに目標金額を追いかけて稼ぐことに奔走してしまう
・必要以上に自分を卑下して、安ければそれだけで喜ばれるに違いないと勘違いして、自分で自分の価値を下げてしまう
・同じような立場で活躍して稼いでいる人を見ると、羨ましいと嫉妬してしまい、同時にそんな自分を自己嫌悪してしまう

このような、お金に対する感情の悪循環のスパイラルからは、もう抜け出しませんか？お金（価格・値付けも含む）に対する向き合い方を変えたほうが、人生楽しく過ごせます。それくらい重要度が高いものでもあり、しかもシンプルな考え方でもあります。

お金には「その人の感情が反映された価値」が定義付けられる

お金について考えるとき、人によっていろいろな感じ方はあると思うのですが、私の個人的な感覚は「お金はその人の感情価値」とイコールだと感じています。

つまり「エネルギー」に等しいと思っているのです。

例えば、わかりやすい例で言うと、お金の持つバリュー（価値）です。お金があればモノが買えます。これもお金が持っているバリュー（価値）です。

しかし、これは時代や国をまたぐと簡単に変わってしまうものなのです。

また、お金に対して暗い思い出があると、お金にはなんの罪もないのに、「お金は汚い」という極端な思想に走ってしまう人もいます。

その人の「負の感情」＝「負のエネルギー」がお金に乗ると、お金はその人にとって「汚いもの」と定義付けられてしまいます。

つまり、本来はお金そのものには実態がなく、「その人が感じているエネルギー」が形になっているのではないでしょうか。


お金によって、人は自由にも不自由にもなります。

いくらお金があっても不幸だと感じる人は不幸だし、少ししかお金がなくてもその人にとって満ち足りた量だと感じることができれば、その人は幸せです。

感情価格の領域では、「お金をご自身のエネルギー価値」ととらえると、ずいぶん生きやすくなるのではないかと感じています。

②お金とは、買う人と売る人の感情エネルギーの交換の証

では、前述の話を踏まえて、「感情価格の値決め」についてもう少し深掘りをします。

お金＝商品・サービスの対価は、「お金（価格）」という物質を媒介していますが、単純

に考えると、売り手と買い手のエネルギーの交換がされているだけです。
つまり、より「幸せなエネルギー」を買い手が与えるなら、受け取るほうも「幸せなエネルギー」を受け取ることができます。

では、「幸せなエネルギー」の正体は何なのか?

――それは、「相手を幸せにしたい気持ち」です。

だから、売り手が「相手をどれだけ喜ばせようか」を考えて構築してつくった商品やサービスは、その喜びのエネルギーを受け取る買い手が「喜ぶ」から、幸せのエネルギーの交換が成立するのです。
逆に、売り手が「自分本位の商品・サービス」をつくると、買い手は「喜びを感じない」から欲しがらない。
つまり「売れない」という状況をつくり出すことになります。

あなたの商品は「高いから」売れないのか？

今一度、この話をテーマに挙げてみましょう。

【あなたの商品は本当に「高いから」売れないのか？】

いかがでしょうか？

もちろん、市場価格とか競合環境とか、時代の波に乗っているかどうかとか、外的な要因もあります。

しかし、あなたに今一度考えてほしいのは、「高い」と感じているのはあなたのクライアントさんの「感情」だということです。

つまり、お客様の「感情」で「高い」と感じているなら、こんな可能性が高くなります。

【納得してもらえるだけの価値をあなたが伝え切っていない】

お客様が、価値と比較して高いと感じているなら、こちら側にはその感情を動かすだけの情熱も必要になります。
なぜなら、お金の価値は「感情エネルギーの交換」で成立するからです。

売れなかった要因。9割がお客様の認知・理解不足

私のクライアントさんの「売れなかった要因」を紐解いていくと、経験則になりますが、9割近くが「お客様の認知・理解不足」にあると感じます。

本書でもすでにお伝えしましたが、クライアントさんが告知したら売れなかった商品が、全く同じ内容・価格にもかかわらず、私が告知を手直ししたら10倍近く売れた、という事例がそれを物語っています。

確かに、言葉のセレクトは私のほうが経験豊かなので、引きの強い文章が書けているということはあるでしょう。

しかし、根本的な課題はそこではありません。「お客様への愛＝幸せにしたい感情のエネルギー」の表現の仕方なのです。

売れないクライアントさんは「自分の商品のよさを自分視点で語って」告知します。売れる表現ができる私は「お客様にとっての商品価値をお客様目線で語って」告知します。

この視点の違いがそのまま「感情価格」に反映されて、販売結果に現れるのです。

売れない人の告知文章を見ると、十中八九、その人の「売りたいモード」が全開の文章になっています。

ご本人が意識していなくても、読み手が読めばそう感じるであろう負のオーラが、文章全体を支配しているケースが多いのです。たとえ無意識でも、自分中心の文章になっているということです。怖いと思いませんか？

だから、こんな手順で考えましょう。

まず値段を決める。
値段を告知するときは、自分自身の感情に向き合う。
さらに、お客様の感情が「喜びの方向」に向かうかどうかを軸にする。

売れないときに真っ先に見直すべきは「価格」ではなく、「ご自身のお客様の感情の方向」です。

「喜び」を与える商品設計になっていないのであれば、まずはそこに手を入れた上で、200％幸せな未来を手に入れることができるお客様の姿にフォーカスした伝え方が必要になります。

③感情価格で、お金に執着しない「幸せなお金の流れ」をつくる

お金は「感情」と密接に絡むというお話をしました。

それゆえ人によっては、お金は「執着」も生み出します。特に飢餓的な状況に陥った人ほど、トラウマと執着が強いように感じています。

私もお金には苦労しましたが、そこまで執着せずに済んだのは、反面教師がそばにいたからだと思います。それは私の父親でした。

今から思うと、それは私の「感情価格」を決定付ける上では、逆に幸せな出来事だったと振り返ることができます。

「お金に執着する意地汚い父親」の姿を見て育った私

少しだけ、私のお金に対する過去の感情をお話しさせてください。

「お金と感情は密接なものである」という持論を私が語ることができるのは、実感として幼少期にそんな体験をしたからだと思います。

子供のころ、私は「お金に執着する意地汚い父親」が大嫌いでした。

だから、自分は「お金に執着しない人」でいることが、父に対するアンチテーゼ、つまり「父親の人格を否定する」という私の精一杯の反抗だったのかもしれません。

つまり「お金に執着する」＝「大嫌いな父と同種類の人になる」ことが強烈に嫌だったので、真逆な思考に振り切ることになったのです。

父は、仕事にも怠惰でした。

ちょっとだるいと言っては家でゴロゴロして、自営業をいいことに、自由気ままに気まぐれで仕事をする（否、仕事をした振りをする）。お金を楽に稼ぐことに執着するから、パチンコなどのギャンブルにハマる……。

短気で頑固な気質のため、取引先とすぐに喧嘩をするからリピートにもならず、雇った従業員にもすぐに辞められて、いつも一人で仕事をやるしかありませんでした。

ただ、変に口がうまいので、金融機関も最初は騙されて融資をしていたのです。ところが自転車操業であることがわかってからは融資も停止になり、月末はいつも金融機関からの入金催促の電話が鳴りやまず、私は黒電話のベルの音が嫌いになりました。

子供心に、「なんで返せない借金を重ねるのだろう」「なぜ自分が返済滞っているくせに、銀行に対して逆ギレして横柄な態度が取れるのだろうか」と思っていたものです。

そんな父ですから、当然ずる賢い人には「いい話があるから」とまんまと騙されて、さらに借金が増えていく状態が繰り返されていたのです。

だから自然と、私は「お金に執着する人は父のような性格が悪い人」という刷り込みがされて、自分は「そんな人間にならない！」と心に誓って生きることになりました。それで、私はお金に執着しない人になっていったのだと思います。

ケチな人と与える人との根本的な違いとは

なんでも、きっちり割り勘、自分は絶対に損をしないようにお金勘定をする人は、結果として「目に見えない幸運」を掴み損ねている人が多いように感じます。

逆に、損得勘定抜きで「この人を応援したいから応援する」という気持ちからお金を使うことができる人は、巡り巡って人にも応援されて、豊かな人生を送っている人が多いと思うのです。

つまり、「お金」という「目に見えるもの」だけに執着する人は、結果として「目に見えない」部分で損をしていて、最終的には目に見える形でも損する人が多い、と感じています。

例えば、集客の設計をするときにも、その思想は影響を与えます。

お客様が喜ぶ無料配布のアイテムや無料面談などを、全体設計の中で組み込むこともあります。それは、その後ろにある商品のライト版を「試していただく」ことで、本命商品を購入していただくあと押しをするために設定するものです。

ところが、ケチな人は、このような場面でも損得勘定が働きます。「そんな貴重なものを無料であげてしまったら、お金を払ってもらう人との差別化ができなくなります」

または、お客様を喜ばすちょっとしたサプライズの演出の提案も、「お金がもったいない」「時間がない」「面倒くさい」と、渋々取り組む人もいます。

このような人は「必ず自分がプラスでいられる状態」でしか勝負をしたくないのです。しかし、お金を持ち出すことを極端に恐れたり嫌がったりする人は、それだけで活動が制限されてしまいます。

うまくいっている人ほど、赤字やリスクを取ってでもお客様を喜ばせる方法を必死に考えます。

もしもあなたがお客様だったとしたら、どちらの売り手から商品を購入しますか?

ケチな人の行動は、外から目に見えてわかるものです。自分の思考がそのまま外界の自分の姿をつくっていると思って間違いありません。

「お金に執着しすぎる人＝少しの赤字でも嫌がる人」は、結果として大きなキャンスと幸運を逃しているなぁ、と感じるシーンが多々あります。

無料で300人の面談を行った先に見えたものとは

私がコンサルタントとして活動し始めた当初、どのようなサービスであれば、みなさんが喜んで買ってくださるのかを思案していた時期のことです。

私は、活動の基本を「現場主義」としているため、お客様の本音はお客様に聞かないとわからないという考えで動いています。

そこで、まずは「声を聞くこと」を第一優先にしよう！ と、ある法人様のセミナー終了後にアンケートを取ることにしました。

「教室の先生のお悩み」に、無料で15分の面談または、動画でのご回答をするというプレゼント付きです。これは参加者のみなさんに喜ばれて、300人のお悩みのデータがそろいました。

とはいえ、300人に回答するのはそれなりに大変でした。みなさんのご理解をいただいて、最後の回答が終わるまで4か月ほどかかりましたが、すべてご回答させていただきました。

この対談やアンケートの結果から、本当に求められている商品やサービスがわかったので、この声をもとにつくり出した講座が「リビング起業アカデミー」という、WEB集客をサポートする初めての講座です。

今でも人気の講座で、たくさんの先生の事業成長のお手伝いをさせていただいています。

ちなみにこの講座は7年にわたって、売上高で5000万円以上のお申し込みをいただいています。無料のヒアリングから5000万円を生み出しているのです。

私は、必要なところでは時間もスキルも使って、無料でもお客様の本音を知るために動きます。このような調査のために、自分の体や時間を使うことについては躊躇がないのです。

「お金に執着がない」ことと「お金を稼がない」ということは別物です。

ただし、調査が終わったあと、みなさんが「心から欲しい」と思っているものを商品化するときには、その欲しがられている度合いに合わせて正当な価格を付けます。

自分が差し出すのが先。赤字になっても構わない

お金に執着がある人は、なんとか自分の痛手がない状態で設計しようとします。もちろん、そのこと自体は、否定はしません。考え方の1つとして大切です。

しかし、少しでも損することを嫌がる人は、新しいことへのチャレンジを極端に怖がってしまいます。結果、なかなか前に踏み出せないし、安全領域で堂々巡りをして値付けもできなくなります。

考えてみれば、あらゆることがすべて、全く痛手がない状態でうまくいく保証はないのです。特に新規開業、新規事業の場合はなおのこと。一度で成功する確率のほうが低いのは当然です。

そんなときには、自分がまずはリスクを取ると決めていると、チャレンジに対して躊躇がなくなります。

ノーリスクですべてがうまくいくほど、事業は甘くありません。大きすぎる「お金への執着」はチャレンジを妨げます。

「幸せなお金の流れ」は、あなたの心の中からスタートします。「差し出すのが先。受け

取るのがあと」と考えることができると、値付けに対する迷いもかなり吹っ切れるようになると思います。

④感情価格のシンプルな決定法は「あなたのお金の器」を知ること

みなさんは「お金を受け取る器の大きさ」という言葉を聞いたことはありますか？

ご自分は、いくらくらいならビジネスの対価として躊躇なく受け取れるでしょうか？

人によっていろいろな金額が思い浮かぶことでしょう。500万円？　1000万円？

それとも1億円？

……いくらなら躊躇なく受け取れますか？

これがその人の「お金の器」です。

お金の器が大きい人ほど、自分が好きなことをしてお金を受け取って、周りの人にもその豊かさを分け与えているものです。

お金が減っていくことにフォーカスしないで、増えた精神的な豊かさにフォーカスしています。大きなお金を受け取る人ほどフロンティア（開拓者）精神があり、社会の荒波にも勇気を持ってチャレンジできるのです。

一部の人から何を言われても、人のためにこれは絶対に必要なサービスだと確信して行動できる人は、勇気あるチャレンジャーです。

そして、そんな人のところには自然とお金が集まる傾向があります。

きっとお金にも感情があって、そんな人を応援したいと思うからではないかと、個人的には思っています。

大きな器の人には大きなお金が入ってきます。

ただしその分、本人に自覚がなくても、障害に立ち向かい、チャレンジをしている可能性があります。

お金の器の大きさを知れば、居心地のよいお金を受け取れる

お金の器が小さい人は、自分にとって恐怖を感じるぐらいの金額は受け取れないものです。もちろん個人差があるので、器が大きければすべてよし、というわけでもありません。その人にとっての「適正値」がよいのです。

ただし「もっと多くの人を喜ばせたい」と思うと、おそらくその状況に合わせて「受け取る金額」を大きくする必要があります。

つまり、自分が大きなお金を受け取る覚悟と準備をする（＝お金の器を大きくする）必要があるのです。それは、その人にとっての必要な時期が来たときでよいと思います。

実践しやすい小さな金額から感謝して受け取り、必要に応じて徐々に器を大きくして拡大していけばよいでしょう。

大切なのは、「自分の、お金の器の大きさを知る」こと。

そして、自分の感情も相手の感情も喜ぶ価格、すなわち「感情価格」で値付けをして、自分もお客様も幸せになるお金の循環ができることが大切です。

商売は搾取で成り立つものではありません。売り手と買い手の立場は同等です。幸せな

エネルギーの交換の媒介に「お金」というツールがあるだけです。

そしてあなたが、お金に対してネガティブな感情を持っていると、その感情と一緒にネガティブなお金が相手に流れていきます。これはとても残念なことだと思いませんか?

お金を受け取るときには、「幸せな気持ち」で感謝とともに受け取りましょう。

つまり、そのような気持ちでお金を受け取るためには、売り手であるあなたは最大限の喜びをお客様に届ける必要があります。これが幸せなお金の循環です。

「感情価格の値決め」はお金の器の大きさと連動します。そして「感情価格」は、相手との関係性において決まるものなのです。

結論を言います。

【買う相手が幸せを感じて支払うなら、いくらでも正解】

あなたが決める感情価格は、実はこれでよいのです。

おわりに
～価格の呪縛から解放されると人生を自由に展開できる～

今にして思うと、私が、営業が特段苦手ではなく、むしろ得意だったのは「お買い物はエンターテインメント」という感覚が強かったからかもしれません。

さらには、価格の駆け引きもエンタメの一種だと、それくらいライトな感情・感覚でよいのではないかと、個人的には思っているからかもしれません。

「この価格はどうかな？」と思って値段を付けて、「うれしい！ありがとうございます！」と喜んで買っていただけるならば、それはその人にとって適正価格だったということになります。

もちろん、他のお客様に「高いんじゃないの？」と思われても、なんら問題はありません。

なぜなら、その人は私のサービスを買う方ではないからです。

そして、それはその人の価値観なので、私とその人とどちらが正しいということでもないのです。

【売ってみて売れればよし、売れなかったら改善する】

感情価格の値決めの世界観では、それくらいのライトな感覚でよいと思っています。

値決めには本質が出るから、複雑にしすぎない

値決めはある意味、単純明快です。

複雑に感情を絡めてしまうので難しくなります。シンプルに「欲しい価格」を付ければそれでよし、と思ってください。

値段が付けられなくて、告知もご案内もできないというのは、時間がもったいない。今の時代では機会損失のほうが大きいと思います。

「欲しい」という人は、あなたが思うよりもあっさりと購入を決めてくれます。価値と価格を天秤にかけるのは、お相手の領域。自分にできることは「価値と価格をお伝えすることだけ」なのです。

さらに言うと、例えば1万円という金額で商品を販売しようとしても、その金額が持っ

ている裏の価値があるのです。

裏の価値とは、実は「信頼」です。信頼も金額に乗ってくるので、ますます金額の妥当性は曖昧なものになります。

ですから、あなたがどんなに悩んで悩んで悩み抜いて価格を決めても、外部環境、つまり相手の価値観・感情や、あなたに対する信頼、他の用事と絡めた購買順位、他社比較など、相手の領域で判断される部分が大きくなります。したがって、シンプルに決めてよいのだと考えています。

思考のシンプル化のススメ

いかがでしょうか?

終わりまで読んでくださったあなたなら、「価格」は絶対的な概念ではなく、むしろとても感情に左右される、極めて属人的で曖昧なものと理解していただけたのではないでしょうか?

私がもともと本書を執筆しようと思ったきっかけは、クライアントさんから「価格が決められない」とご相談をたくさんいただいたからでした。

女性にとって「価格が高い」と言われるのは、自分の「存在意義を否定された」くらいの残念なことです。実際にそう感じている人が多いというのも、ご相談を受けていて感じていました。

「それは誤解ですよ」ということをお伝えすると同時に、価格の縛りから解放されたほうがお仕事はうまくいきますよと、みなさんにお伝えしたかったのです。

みなさんにはそれぞれが持っている「お金の器」というものがあります。これは育った家庭環境に左右される部分がとても大きなものです。

ですから、器が小さいからダメ、大きいからよいというわけではありません。あなたの心が満ち足りて、バランスのよいお金の受け取り方をお勧めしたいのです。

例えば趣味で教室をやっている人は、極端な話、レッスン代で赤字を出していても構わないのです。なぜなら、趣味とはお金を浪費することが多いものだからです。

・人に喜ばれてレッスンできることがうれしい

・先生と呼ばれて生徒さんに慕われることがうれしい

その人にこういった感情があるのなら、その感情に見合う「感情価格」を設定すればよいだけです。

他の人がなんと言っても、それは関係ありません。自分がうれしいならそれでよし、なのです。このようなタイプの人が金額の設定を上げてしまうと、かえって楽しめなくなり、苦しくなってしまうのです。

ですから、自分がどのような金額なら喜んでお金を受け取れるのかを内観しさえすれば、他人の意見に関係なく好きな価格を付けられるようになります。

これもまた「感情価格」なのです。

価格の呪縛から解放されると人生も自由に生きられる

「値決め」は、お仕事を進めていく上でとても大切な部分です。これは間違いありません。しかし、必要以上に考えすぎても結局、正解なんてないのです。

ですから、そんな自分が今まで感じていた縛りを自分で解いて、自由に生きてみませんか？　価格の縛りがなくなるだけで、商売はかなりやりやすくなります。

また同時に、価格の縛りを解く考え方に慣れていくと、人生の選択さえもシンプルになっていきます。

「やりたいのか」「やりたくないのか」

「楽しいのか」「楽しくないのか」

こんな具合に感情の判断基準を決めていくと、いらないものは手放せるようになり、最後まで手元に残るものは本当に自分が欲しかったもの、「喜び」が残るようになります。

先が読めない複雑な時代だからこそシンプルに生きる。

そんな思考法を手に入れて、価格も軽やかに決める。人生も軽やかに生きる。

そんな女性がたくさん増えていくことを心から願っています。

2023年7月

〝飛常識〟な経営コンサルタント　高橋貴子

本書を出版するにあたり、たくさんの方々に支えていただきました。

私の師匠でもあり、コンサルタントでもある株式会社ネット110　経営コンサルタントの平賀正彦先生と株式会社アームズ･エディション　コンサルタントの菅谷信一先生。

本の帯推薦コメントを寄せてくださったセールスプランナー　長嶺圭一郎様、コンテンツ起業家　育成コーチ　岡本文宏様。

私の思いを表現できるように編集くださった、産業能率大学出版部　坂本清隆様。出版の橋渡しをくださった書籍コーディネーターの有限会社インプルーブ　小山睦男様。

本書の出版を楽しみに待っていてくださった、私のオンラインサロンのメンバーの皆様。

おかげさまで、「値決めができない」と悩む方の、お悩みを一瞬で解決できる「魔法の1冊」を出版することができました。

心からの感謝を込めて、お礼申し上げます。

最後まで応援くださり、本当にありがとうございました。みなさまの人生がより豊かに充実した時間を過ごせるように、この本をご活用いただけば幸いです。

“飛常識”な経営コンサルタント　高橋貴子

■高橋貴子 Official website：http://libra-creation.co.jp
■百華辞典へ集客ノウハウ blog：http://ss-bible.com/
■高橋貴子 SNS：https://lit.link/libracreation
■無料相談受付：高橋貴子　LINE 公式アカウント@takako555
■ YouTube：https://www.youtube.com/@libracreation
■ instagram：https://www.instagram.com/takakotakahashi555/

高橋貴子

株式会社LibraCreation　代表取締役
“飛常識”な経営コンサルタント

2011年から神奈川県横浜市で、7つの天然酵母を楽しむパン教室「アトリエリブラ」を主宰。他にはないオリジナルなコースで全国から生徒さんが通う満席続きの人気パン教室となる。前職はツアープランナー、インテリアコーディネーター、ブライダルバンケットプロデューサーなどを経験し、事業部長も務めた営業22年のビジネスキャリアを持つ異色の職歴を持つ。

パン教室運営の傍ら、自身の電子書籍のレシピ本をきっかけに、電子書籍の出版コンサルタントとしても事業を展開。ビジネスに活用する電子書籍出版を指導する。

その後、パン教室ネット集客の運営実践データーを元に、さまざまなジャンルの自宅教室開業・集客のコンサルティング業務を開始。

2015年に教室起業アカデミーとなる「Living起業アカデミー」を開講。

2016年に株式会社LibraCreationを設立。

女性の自立と自宅教室開業を支援する。自由な思考で未来を創るビジネスマインドを伝える「“飛常識”な経営コンサルタント」である。


【著書】

2017年12月　趣味から卒業！しっかり稼げる自宅教室の開業・集客バイブル（合同フォレスト株式会社）

2019年04月　黒字へ飛躍！もっと稼げる自宅教室の集客・成約バイブル（合同フォレスト株式会社）

2021年09月　3フク業を実現！40歳から始める新時代のオンライン起業法オンライン自宅教室起業バイブル（産業能率大学出版部）

2022年07月　いつも時間がないと悩むあなたに贈る感情時間術（産業能率大学出版部）

2022年11月　自宅教室の集客マインド好転バイブル（合同フォレスト株式会社）

書籍コーディネート：（有）インプルーブ　小山　睦男

いつも価格設定で悩むあなたに贈る
感情価格術

〈検印廃止〉

著　者　　高橋　貴子
発行者　　坂本　清隆
発行所　　産業能率大学出版部
東京都世田谷区等々力6-39-15　〒158-8630
（電話）03（6432）2536
（FAX）03（6432）2537
（URL）https://www.sannopub.co.jp/
（振替口座）00100-2-112912

2023年7月6日　初版1刷発行
2023年9月1日　　　2刷発行

印刷所・製本所　日経印刷

（落丁・乱丁はお取り替えいたします）
ISBN 978-4-382-15837-5